PIER VITTORIO TONDELLI
ALTRI LIBERTINI

Feltrinelli

Prima edizione ne “I Narratori” gennaio 1980
Prima edizione nell’“Universale Economica” giugno 1987
Dodicesima edizione settembre 1998

ISBN 88-07-80979-6

a Rosanna

Postoristoro

Sono giorni ormai che piove e fa freddo e la burrasca ghiacciata costringe le notti ai tavoli del Posto Ristoro, luce sciatta e livida, neon ammuffiti, odore di ferrovia, polvere gialla rossiccia che si deposita lenta sui vetri, sugli sgabelli e nell'aria di svacco pubblico che respiriamo annoiati, maledetto inverno, davvero maledette notti alla stazione, chiacchiere e giochi di carte e il bicchiere colmo davanti, gli amici scoppiati pensano si scioglie cosí dicembre, basta una bottiglia sempre piena, finché dura il fumo.

Ora che già di pomeriggio il piazzale della stazione è blu azzurrino con i fari degli autobus che tagliano la nebbia e scaricano gli studenti s'arriva presto, verso le diciassette; ma quando il tempo è buono e il vento spazza i binari e razzola le carte sui marciapiedi e si vedono controluce le montagne, giú verso Sud, allora si va tardi, quando ormai solamente i militari di leva pestano i tacchi nell'atrio e qualche marchetta ubriaca, non piú la calca chiassosa dei ragazzini e delle magliarine che si litigano i fotoromanzi con quelle dita già callose per i tanti sabati e domeniche e pomeriggi a far rammendi alla cucitaglia delle madri. Ma nel grande atrio, stasera, il vocio scalpicciante è insistente come nel foyer di un granteatro.

Giusy arriva ogni giorno, puntuale come una maledizione saltellando sui tacchi e spidocchiandosi la lunga coda di capelli che alle volte nasconde nel cuffietto peruviano; distribuisce occhiate veloci intorno passando svelto in mezzo ai crocchi di studenti brufolosi che vengono dalla campagna alle scuole professionali qui in città e c'hanno le gambe curve e tozze e i fianchi larghi, ma anche culi rotondi e sodi e pare che i muscoli che si sfregano duri alle cosce debbano sprizzare via da quei blue-jeans intirizziti di nebbia, come nei pullman che la domenica dragano la provincia e rimorchiano verso le balere, ormai sospesi perché di notte, al ritorno saltavano pure mutandine e reggiseni e in fondo sui sedili allungati si consumavano gare di chiavaggio e pompinaggio, anche fra maschi...

Giusy passa dritto e imbocca il corridoio che immette alla sala d'attesa e poi in fondo al Posto Ristoro. Dalla vetrata che accompagna il percorso guarda verso i binari, scorge i ragazzi che sui marciapiedi attendono di salire sulla littorina delle Reggiane, saltellando prima su un piede e poi sull'altro, quasi in seduta di footing e urtandosi e ridendo dietro le sciarpe arrotolate al viso. S'arresta per accendersi una sigaretta. Sbircia nella sala d'attesa, abitudine, non una volta sola c'ha rimorchiato su quelle panche, ne avrebbero da raccontare quelle mura screpolate, storie di sbronze maciullate e violenze e pestaggi e paranoie durate giorni interi senza mangiare senza pisciare, accartocciato nell'angolo, stretto nel giubbotto che pareva di vedere la gente volare dalla vetrata del corridoio e i treni sfrecciavano come fulmini squarciando il silenzio del trip e come s'allungavano i muri intorno e come stridevano le chiacchiere dell'assistente che era arrivata a prelevarlo, tu farai e tu vivrai e sei giovane e vincerai e conoscerai la via, chi lo poteva sopportare quel borbottio imbecille, fatti i cazzi tuoi.

Sulla panca, solitario un barbone mangia una crosta di grana con del pane attento a non disperdere neanche una briciola della sua cena. Giusy lo guarda. Il barbone si lecca le dita e accartoccia quello che rimane in una stagnola, poi nel pacchetto delle nazionali e lo mette nella tasca del paletot nero. Giusy lo lascia, continua a seguire la luce del Posto Ristoro che traspare in fondo dalla porta a vetri. Si stropiccia gli occhi entrando, ordina un cappuccino al bancone che sta lí alla sinistra. Il barista ghigna *benealzato*, Giusy saluta storto. "Visto qualcuno?"

"Stasera solo quello lungo. Stava qui..." Si guarda in giro. Non lo vede. "Boh... Tornerà." Ruota la manopola del vapore il latte gorgoglia e fuma.

"Non bollente" borbotta Giusy "cazzo stacci attento!"

Il barista toglie il latte, lo versa nella tazza. Giusy ne beve un sorso, si strofina la barba macchiata di schiuma. "Stava solo?"

"Che ne so? Ha chiesto di te, s'è guardato

in giro...” Alza nuovamente gli occhi “Eccolo che torna.”

Giusy controlla nella specchiera di fronte e vede il Bibo avvicinarsi. Si volta e l’altro lo raggiunge posandogli un braccio attorno alle spalle. “Cazzo Giusy, un’ora che aspetto ziocane. C’ho cinquanta carte, forza forza che scoppio.” Lo guarda attendendo la risposta. Giusy non fiata. “C’ho cinquanta carte porcodio, non farmele marcire... Avanti, cazzo che aspetti?”

Giusy gli stringe il braccio, “Senti non stare a far casino in mezzo alla gente, lasciami finire qui...”

“Ehi, ma ce l’hai, l’hai portata?... Eh, cazzo, io aspetto, non ce la faccio piú poi magari mi freghi non hai roba. Non l’hai? Devi dirmelo, prendo il treno e cerco altra gente, non mi frega mica un cazzo, no, ma tu ce l’hai qui, subito, vero?”

“Aspetta!... Gliela fai a stare in piedi?”

Bibo s’arresta. Sgrana gli occhi. Ridacchia girandosi verso il centro del Posto Ristoro. “Cristo, certo che ce la faccio stai a vedere, non sono mica marcio... che credi... che casco come un sacco di merda? C’ho i soldi diavolo, mai strippato una volta coi soldi in tasca!”

Giusy sorride. *Meglio cosí.*

Si dirigono verso gli sgabelli del vecchio self-service che non funziona piú e sta di spalle al bancone cosicché bisogna attraversare in tutta la lunghezza il locale e questo vuole dire incontrare gente. Anche facce di merda. E infatti la Molly stiracchia un ciao ancora ubriaco dalla notte precedente e chiede cento lire, loro la mandano affanculo e gridano al barista di portare due campari corretti e magari un paio di brioscine che ci si tira sú.

La Molly c'ha sessantanni e siede in un angolo della distesa dei tavoli accanto àlla sua valigia di cartone specorito legata con una corda e con su appiccicata la cartolina adesiva di Lugano, ma dentro non ci tiene un cazzo, paura che freghino quando è fatta e appisolata. Cosí il suo guardaroba se lo porta addosso, una maglia sull'altra, una braca nell'altra e quando sta seduta pare una botola di lardo ingolfata nel pastrano di raso nero e nel fazzoletto sbiadito che le copre la fronte. Non ha denti, solamente un mozzicone allungato che le sbuca dalle labbra piegate, anche a bocca stretta, e sembra stia sempre fumando una cicca. Le scarpe sono peduline di cuoio nero, con le stringhe gialle e la suola di gomma consumata e le arrivano sopra alle caviglie perché le ha comprate larghe, dentro almeno quattro calze. Ora pare persino appisolata davanti al bicchiere di folonari e la rivista unta, il mento è appoggiato al seno, quasi russa. Oggi tanto si smuove, fa per grattarsi i baffi, ma non dorme, vigila, come sempre una mano stretta alla valigia, l'altra distesa lungo il bordo del tavolo in attesa che piova qualche elemosina.

La Molly e Giusy non vanno d'accordo perché hanno una storia insoluta di cento carte che Giusy dice gliel'ha rubate lei quando poi non s'è fatta piú vedere per dieci e passa giorni e nessuno sapeva dove se ne fosse andata, magari morta crepata nella cantina di via Bassa, ma quando è tornata al Posto Ristoro, qui in città, anche il piú scalcagnato del giro l'aveva capita che era scappata a Lugano, perché ci teneva l'adesivo appiccicato su quella cartolaccia ed era nuovo e lucente e lei proprio scema. E quella volta c'è stato grande casino col Giusy che la pigliava a botte e le sputava in faccia, ma poi era arrivato il Johnny e aveva aggiustato lui le cose dando cento carte al Giusy che però si sentiva di avere subito un torto e un furto e con quelle cento carte non lo si metteva di certo in pace. Ma la Molly ha sempre negato tutto di questa bislacca storia e ha sempre detto di no, *l'è minga veira* nel suo dialetto mantovano-carpigiano ancora piú sbracato perché non ha i denti e quando parla è come una cloaca col suo ritornello delle *scentolire* che certi pidocchiosi le avranno insegnato avanti di rubarle un qualche straccetto. Cosí è restato cattivo sangue anche se al Posto Ristoro ci si dimentica piano piano di tutto perché la vita è davvero vita cioè una porcheria dietro l'altra e allora è come sbattere giú merda ogni giorno che poi ti dimentichi che fa schifo, e ne diventi magari goloso.

Giusy e Bibo sugli sgabelli a fumare e mandar giú il beveraggio.

"Senti Giusy, io qui ho i soldi, almeno due bustine me le devi dare, prima me le dai, prima fai il grano e dopo io sparisco e non mi vedi piú, ok?... Allora fuori la roba!"

Giusy lo fissa negli occhi. "Non ce l'ho ora..." Calmo.

"Che? Vuoi dire che mi tieni qui al tacchino freddo per niente, gratis, non sganci un cazzo?"

"Ora non ho niente, sono pulito, verso mezzanotte tutto quello che vuoi. Aspetta."

Bibo bestemmia, manda giú d'un fiato quello che resta nel bicchiere. "Ok, un'altra volta," dice alzandosi, "accidenti a te, lo dicevi subito e finita."

L'altro s'accende una sigaretta. "Te lo stavo dicendo, aspetta, per cinquanta carte te ne do tre."

Si ferma. Alza tre dita. "Sicuro che non mi freghi?"

"Senti Bibo, quando t'ho mai fregato? Cazzo, abbiamo cominciato insieme, t'ho mai fregato una qualche volta? Dillo, avanti, quando t'ho rifilato roba fradicia? Mi sta cara la tua pelle amico, mica roba da niente. Un amico..." Ridacchia.

Ok, fa Bibo, ma ora se ne va a cercare da un'altra parte perché coi soldi in mano non ci resiste mica, ma domani si rivedranno e gliele comprerà, con quali soldi, boh, però lo farà, domani.

Giusy lo segue con lo sguardo uscire verso il corridoio. In fondo la macchia chiara di un impermeabile. Si ferma col Bibo a parlottare. Giusy bestemmia, fa per scendere dallo sgabello, l'impermeabile entra nel Posto Ristoro, si avvicina tendendo la mano, *ehilà Giusy!*

Una bestemmia ingoiata e digerita. Accidenti. "Ehilà Johnny, novità?"

"Sediamoci, sediamoci, d'accordo?"

Giusy annuisce. Si accomodano a un tavolo

poco lontano dalla posizione della Molly. "Vuoi fumare" dice a Giusy. Estrae un pacchetto di Lucky Strike, ne porge una; fa il gesto anche per la Molly che s'è curvata in avanti non appena l'ha visto entrare e quasi sbatteva la fronte sul bicchiere per quell'inchino sruffianato. Ma Giusy alza il braccio e toglie le sigarette dalla mano di Johnny. "A quella vacca non darci niente."

Johnny ride. "Veniamo a noi, ti va? ...Come stai a roba in questi giorni? Bene? Male? ...Dimmelo forza."

"Mmmm Johnny stammi bene a sentire. È un mese che non si vede un bustina che sia una in questo trojajo e questo lo sai benissimo, perché il giro l'hai in mano te e noi non si scappa, c'è un cazzo da fare. Se te vuoi fare il torchio coi terroni, affari tuoi, ma che poi vinca te o loro, qui non ci ritroverai nessuno del giro di prima, tutti spariti, scannati, fuori! ...Allora che cazzo vuoi sapere, se la magra ci sta ammazzando, dillo te, che vuoi sapere?"

Boccata di fumo verso l'alto. "Altre storie... Ricordi il nostro affare? Ricordi di quant'è?" Giusy respira. "Cinquecento Johnny. Me lo stai a chiedere ogni volta che ci si incontra, cazzo!"

"Perché cosí te ne ricordi." Spegne la sigaretta. "Pensi di concludere questa sera?"

"Avessi cinquecento sacchi me ne volerei via!" Di scatto. Johnny allarga le labbra, finge un sorriso. "Come la Molly?" Una bestemmia, toccato, fregato, mai barare con Johnny cazzo. Giusy si stropiccia la barba, ha capito benissimo, mai volarsene via coi soldi di altri, almeno mai tornarsene indietro dopo, e invece per quanto lontano lui andasse ora, non saprebbe rinunciare al Posto Ristoro, vi tornerebbe al primo pasticcio. In qualsiasi altra città dovrebbe ritrovare i contatti, girare e girare andando in bianco per chissà quante notti, dovrebbe conoscere nuove questure, altri poliziotti, ricominciare tutto da capo a forza di botte e strizze e paure. No, Giusy non fuggirà cosí alla cazzo di dio, lo farà, ma quando sarà ormai sicuro di poter rinunciare al Posto Ristoro. Per sempre, qualsiasi difficoltà capitasse. Una volta via, mai piú tornare indietro. Cancellare e basta.

"Non ho niente stanotte per le mani Johnny, te lo giuro" dice infine "non c'ho un cazzo."

"Ok, ok..."

"Ti ho visto col Bibo, gliene hai data?"

Johnny lo guarda duro. "Non giro con la merda in tasca." Cazzo che vuole? Via, aria, che viene a fare questo imbecille al postoristoro, fra di noi che cazzo vuole il Johnny col suo Burberrys sfarfagliante, diosanto che vuol sapere, *stanotte fottuto d'un partigiano Johnny che cazzo vuoi?*

"Bisognerà pure Giusy che un giorno o l'altro si concluda questo affare, nell'interesse soprattutto tuo..."

"Certo, certo" l'interrompe "Johnny lo so questo, lo so che l'interesse lo pago io, ma mica ci facciamo sopra delle menate, io ti devo questi soldi e grazie al cazzo, appena li faccio su te li passo, sono già tuoi, puoi fidarti no? Mi trovi sempre qui, sai dove abito, cosa ti costa darmi qualche tempo in piú..."

"Hai detto te che c'è la magra, mica io. Io dico solamente che stasera sono sei mesi, sei."

Giusy sbotta a ridere. "Cazzo è l'anniversario, facciamo festa Johnny, cosa dici? Sei venuto per festeggiare i sei mesi del debito, tanghero d'un Johnny, forza che beviamo, paghi te, festeggi te."

Johnny si alza, infila le mani nel suo impermeabile, sibila una battuta fra i denti, una cosa perfetta, d'occasione, se fossi in te non riderei, ghigna adesso che dopo cazzi acidi, la vedremo. Si fissano seri. "Un mese Giusy, neanche un'ora di piú, ok? Tieni, fuma pure alla mia salute." Lascia il pacchetto sul tavolo, getta un'ultima slumata alla faccia del Giusy. "A presto."

Pestarti i coglioni figlio di puttana. Giusy prende una sigaretta e l'accende. La Molly ridacchia, c'è bisogno che dice niente lei, ha capito tutto, nessun segreto al Posto Ristoro. Però lo maledice il partigiano Johnny che non le ha dato da fumare, gli bestemmia dietro, sputacchia nel fazzoletto e infine lo segue uscire dal locale con quel suo passo corto e stretto quasi tenesse tra le cosce una scarica impellente di diarrea.

Nel bar entrano chiassosamente alcuni ragazzi che trappolano attorno al Brack-Out, infilano la moneta, si litigano il turno. Iniziano la partita bip bip trrr, urlacci e bestemmie diavolo d'un giochino elettronico, al Giusy gli sale il sangue alla testa. Una fighetta si distacca dal gruppo, accende il juke-box esce una canzonaccia di Grace

Jones. S'accende una paglia e muove il culo, non si guarda attorno, non si preoccupa di niente, fischia il sound e basta la fighetta. Giusy non ci vede piú. *Evviva gli scannati del Postoristoro!*

Sbatte giú il vermouth che aveva ordinato, un impeto di tosse lo fa strabuzzare, sputa nell'incavo del gomito, si strofina le labbra. Deve alzarsi e correre all'aria perché quando capita un colpo di tosse cosí deve fuggirsene al fresco e buttare nei polmoni dell'aria pulita sennò ricompare la bestia dell'asma e non passa prima di cinque giorni.

Fuori fa freddo e cosí scende i gradini del sottopassaggio. A metà si arresta, si accoscia di lato all'ingresso del marciapiede tre. Respira contraendo lo stomaco, uno... due. Un po' meglio. Poi piega il naso. Riconosce un profumo, si guarda attorno, dalla scala scende Liza. Proprio odore di checca sfranta. Si avvicina tacchettando. *Giuuuuuusy.*

Lui si cala il cuffietto peruviano fin sulla bocca. Getta una pernacchia. "Gentile, soffia lei, per una vera signora, cazzo." Ora gli è di fronte, in piedi. Allunga la gamba per toccarlo. Giusy non fiata. "Ehi, bucato sfatto?" Tossisce guardandosi intorno. "Ehi Belin guarda che non ti chiamo l'assistenza proprio no. Se stai male cazzi tuoi, anzi dillo subito che vado via, prima che questa puzzaccia di cadavere mi ammazzi pure me. Ehi..." Lo calcia piú forte, Giusy rutta. Si alza il cuffietto, va là siediti che ti faccio uno spino.

Liza sorride, si alza il pellicciotto e gli si

mette accanto a gambe aperte. Incrocia le mani sulle ginocchia piegandosi tutta in avanti. Guarda le dita abili di Giusy che rollano il tabacco. Incomincia a chiedere, dopo a chiacchierare e poi a confessarsi e Giusy accende lo spino, però Liza non tace un secondo, non tace porcodio e a Giusy gli si ficcano le palle per traverso, anche perché Liza regge lo spino e lo tiene lí come c'avesse un cazzo e lo guarda e ci chiacchiera sopra cosí il fumo cola via e allora che cazzo si sta a fare? Giusy glielo prende di mano, lo fuma tutto fino al filtro. Lei lascia fare. Dopo è allegria. Si abbracciano e ridono nel sottopassaggio e Liza non ci riesce a tenersi dentro la voglia che ha di scoparselo il Giusy e allunga le dita, dai facciamolo adesso, e Giusy ridacchia, dice che ha beccato lo scolo in questi giorni ed è pericoloso, non se ne può fare nulla, tra l'altro sono due settimane che non chiava piú da quando gli hanno consegnato le analisi e gli antibiotici. "Cazzo, proprio peccato, sfiga continua" piagnucola Liza. "Eh non incazzarti che non c'ha colpa nessuno di queste cazzate qua" consola lui. Liza ride e lo accarezza e Giusy se ne va via lasciandola alle scale del marciapiede tre, ma a un certo punto si volta indietro e la guarda e le concede un sorriso tanto che lei si porta la mano alla boccuccina e gli lancia un bacino sulla punta colorata delle dita e Giusy strabuzza gli occhi in alto e poi a destra e poi in basso e ancora in alto quasi seguisse il percorso sballato di quel bacio in arrivo e alla fine fa un ciocco con la lingua e stramazza a terra col palmo aperto sulla guancia, il messaggio è arrivato.

Al Posto Ristoro Molly è accomodata con la Vanina che è una ragazzona di vent'anni, ma gliene daresti cinquanta forse piú, la faresti lí lí per la sepoltura. È gonfia e grassa e ha la pelle brufolosa e tanti puntineri che la sfigurano e altre eruzioni rosse su tutto il viso e il collo piagato da una feroce scottatura d'olio bollente che lei dice è stata una disgrazia, ma al postoristoro tutti sanno da quali braccia piovono le disgrazie.

Vanina saluta e Giusy risponde stancamente. Le chiede i soldi per un beveraggio. "Devo cominciare il lavoro, gnanche cinquanta lire."

"E allora fai presto" dice Giusy "che l'ultimo treno per la campagna è fra poco eppoi non ne trovi piú nessuno che viene a farsi la spagnola" e non finisce di parlare che sbotta a ridere, anche la Vanina che sta al gioco, lo fa sempre, mica può fare altrimenti se le ricordano la specialità delle sue tette.

Se ne stanno lí a cicalare raccontandosi qualche cazzata come vecchi amici, tanto che un estraneo non crederebbe che fra Giusy e Molly ci sta invece quell'astio che c'è. Poco piú tardi arrivano i terroni e invadono il tavolo portando altre sedie. Giusy fa per alzarsi, non gli piace la nuova compagnia col Salvino capobanda che è confinato qui al Nord, fetente mafioso, e traffica come un dannato e c'ha soldi per tutto, mai una volta però che faccia i favori, gli basta guastare la piazza, il Johnny che tiene duro, giocano peso, chi ci rimette il popolo del Posto Ristoro, dannati terroni. Fa per alzarsi però qualcuno lo trattiene posandogli la mano sulla spalla e gli dice senza scampo fatti un vermouth e Giusy acconsente cazzo, si rimette seduto e chiama il barista.

Quello che gli ha offerto da bere è proprio Salvino, che ha ventisei anni, è moro arruffato e al collo gli pende una catena d'oro che potresti camparci cent'anni a smerciarla. Salvino beve poi il martini e tocca il bicchiere al Giusy come per brindare e dice "A te" guardandolo benevolo.

I terroni sono quelli che di solito si sbattono per poche lire la Vanina e Giusy sa anche quella storia che ha fatto tutte le bocche del postoristoro, cioè che una notte i terroni caricano la Vanina su un furgone e dopo si depositano in campagna che era primavera e il cielo mite e le stelle lucide, e poi si mettono spogliati nudi davanti a lei e Vanina abbassa gli occhi a vederli tutti lí, cinque amori per la sua verginità, nudi e dritti e coi denti bianchi e sfavillanti al buio e lei montanara disambientata, diciottenne alloggiata dalle suore, la prima domenica del mese s'alza alle cinque e sale sul pullman e raggiunge la famiglia sull'Appennino, paese di millecinquecento abitanti durante l'estate, sennò cento duecento e il prete che va a letto con le vecchie e i mongolini a fare i chierici, i bambini della valle tarati, incesti, vita solitaria fra i castagni e le querce e i prati brulli dell'Appennino con le foglie tenere e marce e leggere e Vanina che abbassa gli occhi e guarda e balbetta *che volete fa're?* non lo sa, però l'intensità della scossa fra le gambe sale e stringe lo stomaco e le tempie si inumidiscono leggere e tiepide che paiono baciate dalle perle e allarga le braccia e trema, troppo bella quella scossa, troppo diretta al cuore e Vanina che abbassa gli occhi... Dopo la chiavano tutti insieme facendo il turno sopra e sotto e in bocca e fra le tette che aveva già grandi e grosse e poi la slavano di sperma e la abbandonano nuda coi suoi straccetti imbiancati da un lato e dieci carte infilate davanti e quando i contadini la trovano all'alba Vanina se ne sta ancora lí a gambe aperte e ride e dice di lasciarla nel fossetto che sta bene e allora s'è capita che i terroni avevano buttato dentro anche anfetamine o altri acidi qualsiasi, e fino a Natale se ne restò al San Lazzaro perché fatta fatta, anche nel cervello e continuava a chiedere a tutti di portarla in campagna, in quel fossetto *che c'ho lasciato le mutandine mie.*

I terroni bevono ancora e Salvino si fa portare una bottiglia intera di vermouth e ne versa per primo a Giusy e lo guarda stringendo gli occhi finché dice "Vieni a fare un giro con me che tengo della roba" ma Giusy rifiuta, lo sa che Salvino non regala niente per niente, cosí ripete il suo no, non ci vuole avere a che fare col mafioso, tra poco arriverà Guerrino da Bologna e allora ne avrà. Cosí si alza e va via e prende la bottiglia cafone e dice "L'hai presa per me, no?" tanto che Molly bestemmia, ma poi si rinchiude bofonchiando nel foulard perché le arriva un pugno da un terrone che ha capito che il Giusy stasera è nell'occhio del Salvino e quindi intoccabile, come già successo la primavera scorsa al cantiere dove i terroni tutti quanti manovalano, con un garzoncello che portava i secchi di chiodi e che non voleva starci tanto da costringerli a violentarlo e preparare insieme il buco all'ultimo, al Salvino.

Giusy esce sul piazzale della stazione. La nebbia è fitta, non riesce a distinguere i confini della piazza. Qualche persona appare controluce. Di lato scorge la Ford dei Vigilantes, all'interno la luce è accesa, sono in due, probabilmente ascoltano la radio, fumano. Alla guida c'è William che è sulla cinquantina e c'ha la panza grossa del bevitore e una volta gli è pure scappato un colpo di pistola al Posto Ristoro durante una rissa e l'hanno sospeso dal servizio e sembrava che ce ne fossimo liberati per sempre, ma l'anno dopo è tornato a fare il gradasso e pigliare da bere senza pagare e toccarsi sempre la pistola Smith and Wesson neanche ci dovesse sborrare e cosí lo chiamano sceriffo e lui ci gode come dirgli dottore, eccellenza, cavaliere... mille fottutissimi cancheri sceriffo William! Giusy ritorna nell'atrio, si siede sullapanca. Non manca molto all'arrivo del Guerrino, una mezz'ora, sempre che il treno sia puntuale. Dopo ce ne sarà da smerciare e usare almeno per una settimana e cosí potere campare un po' meglio e sarà come fossero arrivati davvero i tempi belli di pipetta e puttanelli e la neve pioverà sulle braccia, zac, tutta dentro s'apre il paradiso, forza Rino, arriva fai in fretta cazzo, diavolo d'un michele strogoff!

E mentre Giusy sta lí a farsi pippe arriva il Bibo completamente sfatto che gli si siede davanti e per poco non si molla tutto, cioè stramazza a terra. "Ehi, Bibo che c'è," fa Giusy accogliendolo in braccio, "cazzo t'è presa nostalgia vecchio amico, ehi che cazzo succede?" e si scosta per guardarlo in viso ma se lo sente svenire e poi irrigidire e allora lo fa sedere e finalmente lo guarda e vede che il Bibo è a secco e alza la mano con le cinquanta carte strette fra le unghie, cazzo è rimasto proprio a secco, accidenti ai tempi duri. Bibo, come va?

Si riprende un poco, si solleva sulle spalle sospirando.

"È andata questa, l'ho fatta dalla piazza a qui, cazzo ci sono riuscito Giusy, mica mi ammazza la magra vaffanculo!"

"Tieni duro che fra poco arriva il Rino, tieni duro poi passa. Ma se non gliela fai chiamo qualcuno... col CIM come stai?"

"In merda" sputa Bibo "mi fanno dannare per del metadone cazzo, cominciano che devi fare la professione di buona condotta, non vedrò mai piú gli stessi amici e cambierò casa e me ne andrò via e non ci cascherò mai piú e troverò da lavorare e non sarò mai piú lo stesso uomo cazzo." Si ferma. Rimangono in silenzio. Bibo sembra essersi ripreso. Continua: "Però era un giro buono diocane, benemale si rimediava in tempi come questi... poi ho ciulato dieci scatole di metadone, cazzo stavano lí, cinquanta flaconcini dritti dritti e facili roba da sbavare e io sbavavo cazzo, lei l'hanno chiamata di là e io veloce come una scimmia tiè, li ho messi in saccoccia e sono scappato dalla finestra, cazzo c'avevo già duecento carte che mi entravano nel naso cazzo, ora potevo comprarci della roba buona e quella sbatterla ai marci dell'osteria Sozza; faccio un volo dalla finestra t'ho detto e scrocio nello sceriffo, diocane, sbatto sul suo panzone e mi faccio un livido cosí qui, guarda col calcio della pistola e lui mi da un cazzotto e mi riporta dentro e dopo hanno trovato le scatole e il giro è sfumato, cazzo, volato via d'un colpo e le duecento carte giammai le rivedrò, erano già mie, lí nelle mie mani che si strusciavano... eppoi via, carta straccia, proprio cosí, merda. Non le ho viste piú." Giusy ridacchia. Gli dice se vuole un po' di fumo per tenersi su il buco, o un Campari che lo sostiene ancora meglio. Bibo risponde che può aspettare però meglio andare al marciapiede tre che ormai il corriere strogoff verrà annunciato.

Il convoglio arriva poi al binario, compare fra la nebbia scura col sibilo della sirena e con lo sferragliare delle ruote sugli scambi della stazione. Si piazzano verso l'ingresso del sottopassaggio, uno da una parte e uno dall'altra. Bibo avvista per primo il Rino, gli corre inconto, Giusy lo segue. Scuote la testa. Ci siamo cazzo. Poi vede la faccia scura di Rino e anche se lontano capisce che va male, sempre peggio. "Non ce n'è che cazzo ti devo dire, lo Skippy l'aveva promessa vaccaeva, l'anticipo gliel'ho dato, stai tranquillo tutto è girato bene però cazzo oggi m'ha telefonato e ci siamo visti e insomma hanno beccato il trasporto a Verona, che ci vuoi fare, li hanno beccati, mica fila sempre liscia lo sai, li tenevano d'occhio forse, boh, insomma niente, per questi giorni un cazzo."

Bibo rimane senza parole. Sbianca. Aveva le cinquanta carte già pronte, il laccio emostatico se lo tirava tra le dita nella tasca del giubbetto e invece niente, rimanere vuoti e freddi. Giusy bestemmia, scalcia malamente in un mucchio di cartoni per l'imballo, una due tre volte. Urla. Stringe i pugni. Ma c'è niente da fare, ha ragione Rino. Meglio tornarsene al caldo. Dopo, sugli sgabelli del postoristoro, nella luce sciatta e senza ombre a svaporare in silenzio il nervoso.

Stanno lí come cani bastonati, il Bibo sbianca, si fa livido di piú sempre di piú, dice che se gli prende di nuovo una strizza si caga sotto perché non c'ha la forza di reggersi neanche un muscolo. Ed è sempre piú ingolfato e rattrappito e Giusy sa che da un momento all'altro salterà, sono due giorni che non fa buchi, non resisterà ancora per molto. "Rino che si fa se Bibo sbotta?" chiede sottovoce. Rino non risponde, beve la grappa. "Portalo all'ospedale."

"Cazzo, è un inferno, povero diavolo. Mica c'ha il collasso. È solo a secco; è freddo e basta."

Bibo intanto comincia a sudare, si liscia in continuazione la fronte, si guarda le mani bagnate, balbetta che ha caldo e che ha i brividi e non regge la schiena dritta. Giusy lo prende sottobraccio, lo alza. "Mettiamolo sulle panche, almeno si stende, la roba la trovo io, faccio presto, tu stagli vicino ok? Se vedi che va fuori vattene, lascialo lí e vattene, sono grane per tutti."

Rino se ne va dal Posto Ristoro col Bibo, barcollano ubriachi.

I terroni siedono sempre lí a bere e farfugliare cazzate con la Vanina e con Liza e con Molly. Giusy si siede in un angolo. Fissa Salvino afferrando un bicchiere e reggendolo alto.

"Che c'ha il tuo compare?" gli chiedono.

"Boh, cazzi suoi, che ne so, stanco... fatto... Affari suoi."

Salvino gli versa da bere. Attende che Giusy abbia terminato. Lo guarda, Giusy risponde allo sguardo e cosí gli scappa un'occhiata delle sue, quelle che han fatto morire tutti quanti le hanno conosciute perché quando guarda cosí si capisce che di lui ti puoi fidare, ma sul serio, fossanche per ruberie e scazzate. "Andiamo a fare un giro."

Si alzano dal tavolo, quando sono ormai sull'uscita del Posto Ristoro Giusy parla. "Ho bisogno di buchi, subito. Te come stai?" Salvino scrolla le spalle come dire vieni che andiamo.

Sul lato ovest della Stazione, al di là delle latrine s'apre uno spiazzo gremito di rotaie che da verso un capannone per lo smistamento della merce. Oltre, seguendo una mezza dozzina di binari morti si giunge a un secondo spiazzo, molto piú limitato del primo nel quale sostano alcune vetture viaggiatori. Sono quattro carrozze senza scompartimenti, di quelle in cui si sale direttamente alle panche di legno, rigide e fredde come il marmo. Emergono ritmicamente dal grigio nebbioso colorandosi di arancione. È la luce dell'insegna intermittente del BOWLING che sovrasta questa zona della ferrovia, dall'altro lato dello svincolo della sopraelevata e fiata quel giallo appannato in cui emergono le carrozze.

Salvino conosce il finestrino che rimane aperto, lo tira giú con uno strappo, s'infila dentro approfittando degli spazi bui dell'insegna luminosa. Giusy lo segue. Dentro si siedono uno di fronte all'altro, Salvino fa cenno di tacere, rimanere di pietra, finché il guardiano non termini il giro di controllo. Seguono il faro della torcia elettrica scrutare tra i binari e la nebbia e le cataste di legname e le fiammelle violacee degli scambi. Infine allontanarsi in direzione del deposito.

"Ok" dice allora Salvino "ora stiamo tranquilli. Io vado in fondo un attimo, prendo qualcosa, te rollati il joint." Getta in grembo una stecca di almeno dieci grammi. Giusy estrae le cartine, le distende sul palmo della mano mentre l'altro scasina nel buio del fondo carrozza, che cazzo farà? Salvino torna poi con un sacco a pelo e una coperta ispida, la carrozza era davvero gelida. Giusy sorride, ok ci siamo. Si distendono lungo il corridoio, fianco a fianco, guardando verso il tetto della carrozza, la luce gialla del Bowling entra dai finestrini, sembra pulsare. Accendono il joint. Mentre se lo passano Giusy attacca. "Voglio l'ero, se non l'hai vado, tutto inutile."

Salvino respira forte, mmmm, trattenendo il fumo nei polmoni, stringendo gli occhi. Emette il respiro d'un colpo, a fondo. Fiuhhhh. "Stai tranquillo."

"Allora subito, prima ce l'ho meglio è."

Salvino gli allunga una busta, poi un'altra.

Giusy si alza sul tronco. La fiuta, solleva il maglione, la scioglie, stringe il laccio, si fa. Salvino lo spia dal basso, sulla bocca una smorfia ebete, la stonatura del fumo. Quando vede che Giusy toglie l'ago, si slaccia e fa uscire il cazzo duro. Prende a masturbarsi finché Giusy non lo raggiunge al fianco. Sono ora vicini, Salvino gli tasta il culo. Giusy si volta, si getta sotto. Stringe gli occhi. *E ora fetente d'un mafioso onnipotente fa pure quel cazzo che vuoi! Eccomi a te!*

Quando Giusy raggiunge la sala d'attesa in cui aveva lasciato Bibo e Rino, è ormai molto tardi. Nell'atrio la figura minacciosa dello sceriffo, un marocchino spiantato che dorme in un angolo, l'impiegato della biglietteria dietro ai vetri blindati. Anche la sala d'attesa è deserta. Giusy si mette al Posto Ristoro, non pensa niente, manda giú un toast e una birra seduto al solito sgabello. I terroni se ne sono andati portandosi dietro la Vanina. È rimasta la Molly, quella c'ha le mattonelle al culo, un qualche ragazzino che smercia fumo, qualche vecchio. Si sente toccare a una spalla. Alza ruttando la testa.

"Uéééééé" starnazza Liza "guarda che te t'aspettano ai cessi i tuoi compari, be' che cazzo stai a fare qui?"

"Boh! Vattene via..."

"Uéééééé, avanti! 'Namo, 'namo. Forza!" Lo spinge fuori dal Posto Ristoro.

Nel vestibolo delle latrine non c'è nessuno. Giusy bestemmia. Si volta verso Liza incazzato.

Poi sente un rantolo, si avvicina all'ultimo gabinetto, la porta accostata, l'apre. Dentro c'è Bibo con gli occhi sballati e Rino che lo regge sotto alle ascelle e bestemmia. Gli ha slacciato i pantaloni. "Cazzo Giusy, lo dovevi rifilare proprio a me? Se l'è fatta addosso, ha la cagarella cazzo, porcodio guarda, ha immerdato anche me!"

"Sfiga, sfiga!"

"E fa qualcosa, l'hai trovato il buco?"

"Sí, sí..." Mostra la bustina di neve, non appena la metterà in vena Bibo si riprenderà e allora sí che lo potranno portare da qualche parte o chiamare l'assistenza oppure ne penseranno qualcun'altra, magari solo metterlo a letto. Ma intanto Bibo rantola e balbetta e si contorce lo stomaco e dice che si sente tutto un muscolo tirato verso il basso e che se non lo reggono forte ci si annegherà in tutta quella merda e se ne andrà giú per la latrina e soffocherà nel buco delle fogne e poi morirà *Rinoooo tienmi il braccio diocane che sto cadendo!!!*

Giusy si smuove d'un colpo da quell'intontimento. Gli scopre le braccia, bestemmia. "Non c'ha vene, cazzo Rino non c'ha piú vene buone!" Rino grida di fare presto che non ne può piú, "Avanti sbrigati!"

Giusy gli stringe il laccio ma le vene non escono, gli incavi lividi e neri e piú su macchie gialle di sangue rappreso, niente da fare. Allora gli afferra il cazzo, lo tira su e giú, tenta di masturbarlo, farglielo diventare duro, Bibo continua a sudare e svuotarsi di merda acquosa e sbavare e sempre grida di tenerlo lontano da quel buco che sta scivolando, lentamente ma scivola, perdio è già nella merda fino alla pancia e ficca le unghie nelle braccia di Rino che bestemmia e guarda Giusy, la sua mano che scopre il cazzo del Bibo. "Ma che fai, sei pazzo?"

"Taci imbecille, taci!" grida "Vattene via! Prepara la siringa!" Liza si fa sulla porta, sbotta in un Oooooohhhhh e una bestemmia. "Stai alla porta cazzo" sbraita Rino "se entra qualcuno siamo fregati tutti!"

Liza si copre la bocca, scappa indietro. Giusy regge il Bibo per i capelli, lo tira a sé, gli affonda il viso sul petto. "Non diventa duro diocane, ehi Bibo fallo diventare duro, forza Bibo, fatti forza, stammi a sentire, guarda, è grosso è grande, è il tuo cazzo Bibo, si gonfia, diventa duro... Metticela tutta Bibo, lo senti? Ce l'ho in mano, lo sfrego cazzo sei te questo, il tuo cazzo, hai chiavato tante fighe con il tuo cazzo, tutte le fighe del postoristoro, godevano come vacche quelle troie e sbrodavano, si contorcevano quando te glielo sbattevi dentro e le impalavi con questo cazzo forte e grande e duro, su e giú che le montavi come adesso Bibo avanti e indietro... Dai, fallo rizzare Bibo, porcodio che succede alla tua pistola, ci hai sparato tante seghe, piú seghe di tutti e come facevi coi vecchi, ehi Bibo cosa facevi coi vecchi, cazzo glielo facevi vedere ai giardini come si usa un cazzo, come facevi coi vecchi pidocchiosi? Eh il tuo cazzo, gli sborravi davanti a quei vecchi lerci, davi spettacolo col tuo cazzo, te e il tuo cazzo Bibo! E loro sbavavano e ti coprivano di cento lire e te le raccoglievi tutte quelle monete, grazie al tuo toro, ehi Bibo sei te questo, il tuo cazzo sei qui, si gonfia Bibo come si gonfia, si alza, sei un chiavatore Bibo, il migliore, stai chiavando, si rizza, si rizza, mette le ali Bibo, è grosso, è ritto, è grande, su e giú, cazzo! Figa! Avanti e indietro, sbrodavano accidenti, te lo succhiavano con la figa questo cazzo, se lo sbattevano dentro fino ai coglioni e urlavano Bibo, come urlavano? vieni? vieni? ora adesso, vieni! dai Bibo ci siamo è duro è duro è in orbita! È un missile! Vieni, forza!!! Bibo!!! Sei partito, sei in aria, sei fuori diocane, sborra Biboooooo!!!" Dentro l'ago, zac.

Sul marciapiede tre Giusy saluta il Guerrino che torna a Bologna. Attende che il convoglio scivoli via sui binari ghiacciati della pianura. Guarda verso i vetri illuminati e ferrugginosi del bar, scorge l'ombra rancida della Molly che sta scatarrando e bevendo il solito bianco con la valigia stretta in pugno, le peduline di cuoio nero... Bibo aggrappato a uno sgabello, la testa tra le braccia, in silenzio finalmente fuori. Esce poi nel piazzale, si sente fatto, la testa sbatte, vengono su le rogne. Si ricorda del Salvino, ora gli starà alle calcagna e lui ha dovuto cedere, maledetti tempi di magra, porca magra che quando arriva non si riesce a raccattare in giro nemmeno uno spino tranquillo per andare avanti, sempre menarsela con facce di merda, l'impermeabile del Johnny, lo sceriffo canchero, la vecchia strega sempre lí; sempre la valigia in mano eppoi non sposta il culo di un metro... E vai, vattene via povera sfigata, aria!!!... Ma in fondo chissenefrega del Johnny e di tutta la baracca del postoristoro, io ci voglio sopravvivere anche se l'ho capita ormai che nel sangue e nella merda ci dormo da quando son nato per cui non me la meno piú di tanto, qualcosa succederà o s'aggiusterà e non ha importanza adesso quello che sarà domani o posdomani e ancora dopo, perché primaoppoi qualcosa cambierà e sarò uomo e non me la farò piú con tutti i porci lerci del postoristoro e troverò una donna e ci farò dei figli e mi sbatterò coi buchi fin che ho vene e soldi e un pezzo di culo da dar via, perché perché perché.

Nel piazzale la nebbia si fa piú chiara attorno ai lampioni. Giusy si avvia barcollando verso casa. Quasi mattino. La prossima notte tornerà al Posto Ristoro come sempre oppure se ne andrà via dalla città e da tutti e il Bibo lo lascerà. Ora non lo sa che ha tanto sonno e fifa da smaltire che le gambe gli sembrano le stampelle in legno di un povero martire della Patria.

Mimi e istrioni

I Maligni noi ci chiamano le Splash, perché a sentir loro saremmo quattro assatanate pidocchiose che non han voglia di far nulla, menchemeno lavorare e solo gli tira la passera, insomma altro non faremmo che sbatterci e pergiunta anche fra noi quando il mercato del cazzo non tira; ma noi si sa che è tutta invidia perché un'uccellagione come la nostra non gliel'ha nessuno in zona per cui è del tutto inutile che quando ci vedono passare a braccetto o in auto ferme al semaforo, ci gridino dietro uscendo dai bar e dai portici o abbassando i finestrini delle loro Mercedes: "Veh, le Splash, i rifiút ed Rèz." È veramente inutile. Perché a noi non ci frega un bel niente della nostra reputazione, soprattutto in questo merdaio che è Rèz, cioè Reggio Emilia, puttanaio in cui per malasorte noi si abita e che si vorrebbe veder distrutto e incendiato usando come torce i capelli di quelli lí, proprio loro, appunto, i Maligni.

Cosí succede che ci fan terra bruciata intorno come appunto è successo per l'Enoteca di corso Matteo Maria Boiardo in cui ci si riuniva tutte le sere tranne mercoledí, fermata di turno. All'Enoteca si stava abbastanza bene soprattutto perché a due passi c'è il Cineteatro Lux che fa programmazione porca e molti puttanieri capitavano poi a bere da noi e quando capitavano erano risate e godimenti perché noi li si provocava, soprattutto la Nanni che non porta mai le mutande nemmeno d'inverno e allora si alzava il sottanone e incrociava le gambe e loro che occhi! si vedeva che sbavavano e la Nanni stiracchiava il gioco per un po' facendo finta di niente poi d'un colpo diventava seria e s'incazzava fissandoli e sbraitava e li sborsettava con la tracolla di cuoio che faceva anche molto male con tutti quei cordini borchiati che pareva una frusta sadomaso e urlava Bruttiporci, pidocchiosi che avete da guardarla! eppoi ci si alzava con le nostre sottanone e andavamo via lasciando il conto da pagare. Cosí qualche volta riuscivamo a divertirci ma poi all'Enoteca hanno alzato i prezzi e cambiato arredamento e messo su ogni tavolo le candele colorate in bicchieroni di cristallo e fatto un guardaroba all'ingresso ed è arrivato un giro bene, un po' di magliari, qualche avvocatucolo sui trentacinque vestito da Cimurri, qualche figlio di papà, qualche sbandato intellettuale di destra. E non si è piú riuscite a vivere perché quelli giocavano sul duro e noi purtroppo lo si è capito tardi quando la Sylvia si è coinvolta di uno di questi e lo fissava sempre finché una sera l'ha seguito al cesso e l'ha preso dal di dietro e gli ha sibilato "fatti scopare" e lui non l'ha fatto dicendole brutta troja, cosí noi tre vediamo scendere dai cessi la Sylvia nera infumanata, un cazzo per ricciolo insomma, e si siede al tavolo e prende la bottiglia di vernaccia e ne beve mezza tutta d'un fiato e a collo eppoi si pulisce le labbra col dorso della mano e dice che lui l'ha snobbata e quasi scoppia a lacrimare. Noi non si capisce bene la questione ma quando vediamo tornare l'uomo, sempre dai cessi, allora sí che capiamo e l'accusiamo forte di aver violentato la Sylvia che sta qui a frignare e guardate come l'ha ridotta e gli amici suoi prima ridono, poi si fanno seri e alla fine dicono che se non togliamo la nostra topa dalle sedie ci sfracellano di botte e io, che son la Pia, penso a tagliare la corda, ma la Nanni s'incazza e prende slancio con le sue cordelle borchiate, ma uno la stoppa e le lancia un gran ceffone sul collo che quasi mi sviene in braccio. E allora tentiamo la fuga anche perché i porci del Cineteatro Lux si fan coraggio e insomma si scuoton le tombe e si sollevano i morti e anche loro fan minacce e ci alziamo, perdio se ci alziamo, ma la Sylvia resta un poco indietro a lacrimare sul suo amore svaporato e si prende un calcio alla gamba eppoi scappa anche lei e si arriva trafelate alla nostra Dyane, si sale, si avvia e si lascian gli aguzzini padroni per sempre dell'Enoteca.

La sera allora ci si da appuntamento sui gradini della fontana di Piazza Camillo Prampolini che è un po' come dire il cuore di Reggio e infatti lí ci sta il palazzo del municipio e il duomo col suo sagrato e i piletti che sembrano tanti priapini e una volta noi ne abbiamo colorato uno coi gessetti che sembrava proprio un cazzo circonciso, tutto rosso come lo si era conciato. La piazza è grande e un tempo era anche piú vivibile, ora praticamente non c'è nessuno che abbia vent'anni che possa transitarvi liberamente perché tiene in tasca il foglio-di-via e qui in provincia i Carabbenieri non van tanto per il sottile, insomma questo era il centro di ritrovo e svacco pubblico ed è naturale che ora l'abbian ripulito, perché nessuno sopportava che il cuore della propria città venisse cosí infartato dai capelloni e dalle lesbiche. Comunque noi ci si ritrova ancora, in attesa di piazze migliori, anche se si sta attente a non far baccano, ma una sera succede che siamo cosí ubriache che non ce ne impipa proprio nulla e prendiamo a scorrazzare per la piazza sulle nostre biciclette colorate e ci inseguiamo strepitando e poi facciamo il filo ciclistico a un ragazzo belloccio che passa e scappa con noi dietro che in coro cantiamo son la mondina, son la sfruttata e son la proletaria che giammai tremò e lui se la ride ma ci ha un po' di fifa perché sa che siamo le SPLASH, le assatanate che piú assatanate non si può, nemmeno col Ginseng.

Lui poi finisce a rintanarsi all'Hotel Posta che è lí a due passi e noi si torna indietro pedalando come matte e la piú bella è la Benny che ha una ciclo rosa confetto con su dei fiorellini viola e tutto un campionario di foulard e straccetti technicolor e indianerie traforate e sgargianti legate alla sella cosí che quando va forte sembra abbia la coda; ma anche le nostre son belle che ci abbiam messo tre mesi a verniciarle e sistemarle, anche quella della Sylvia che prima dell'operazione era un Solex, ora invece una leggiadra Graziella.

Noi continuiamo a girare la piazza rincorrendoci e cantando come lupe in lunapiena, con la Nanni che a un certo momento dice "Fate tutte quante silenzio" e noi d'improvviso ci si stoppa e la si guarda. Lei allora prende fiato e poi butta fuori un "Veeeeehhhh, ma te chi seiiii!!!!" e noi capiamo e riattacchiamo in coro a squarciagola: "Son la mondina son la sfruttata e son la proletaria che giammai tremò-o-o" e si pedala sgangherate e si passa di corsa il portico del Broletto che sembra di stare a Venezia perché in alto c'ha degli archi e delle guglie ricamate e lí c'è il Cantinone dove prendiamo altra birra e poi ci buttiamo in Piazza San Prospero che di notte è bellissima perché sul fondo c'è una chiesa con davanti quattro leoni di marmo grandi grandi tipo Duomo di Parma che ci si sta in groppa e occupano tutta la piazza tanto che sembran i quattro moschettieri. Noi buttiam giú le biciclette e saliamo a cavalcioni e dominiamo la piazza cosí alte e ruggenti e se alziamo gli occhi c'è il cielo neronero con tutte le stelle che luccicano e sembra proprio di stare in un film longobardo e barbaro.

E allora la Sylvia salta su e si mette a fare la Silvana che sarebbe una battona bolognese e la Nanni fa la Falana, battona romana, persone vere conosciute ai tempi chiacchieroni delle autocoscienze, e cominciano a dialogare e c'è da sputtanarsi lo stomaco dalle risate a vederle in piedi sui leoni piú alti che si passan la battuta. Poi la Benny si mette anche lei in piedi e racconta la vecchia storia del pompino volante sulla bianchina che è il suo pezzo forte e come fa la checca lei nessuno è tanto capace. E mentre siamo lí che ci meniamo tutte le nostre cose s'apre una finestra e una donna ci dice di andare a letto, sporcaccione delle Splash, eppoi arriva un uomo e ci butta acqua addosso che però non ci bagna e noi per tutta risposta a far pollaio e starnazzare sempre piú forte e si ride ma poi intravediamo oltre il porticato del Broletto una sfumatura azzurra lampeggiante e capiamo che si deve lasciar lo spettacolo e prendere le ciclo e scappare, ma era soltanto un'autombulanza che portava a casa una morta.

Quando svaporiamo la sbronza ce ne torniamo a letto oppure Benny va in stazione a trovar le residuate dei viali che son tutte amiche sue e cosí ne impara sempre di nuove seduta ai tavolacci del drug-store. E queste sono anche le serate migliori perché si sta bene tra di noi e non abbiamo bisogno di nessuno, tantomeno di maschi perché quando stiam cosí siam davvero le Splash e nessuno ci resiste.

Dopo quella brutt'avventura dell'Enoteca torniamo a bazzicare a NEW MONDINA CENTRORADIO, 98 e/Ottocento Mgh in Modulazione di frequenza ciao a tutti, che sta in un sottoscala dalle parti del bar Ludovico Ariosto, e che si divide con il collettivo Mèlies che sono poi fotografi e persino cinematografari che lí hanno attrezzeria e camera oscura e bisogna proprio dire che l'hanno scovata bene, perché peggio del ti vedo non ti vedo che c'è lí, nemmeno al mamertino.

Trasmettiamo tutte insieme molto spesso la notte e chiacchieriamo e predichiamo con la favella lesta come proprio ubriacate dall'etere. La Sylvia di solito maneggia il mixer, io i dischi e la Nanni ci parla su, ma poi tutte interveniamo come fossimo sempre in ogni tempo e in ogni luogo dalle alpi alle piramidi cioè, dal manzanarre al reno; però si fan anche cose piú serie e culturali e si vanvera soprattutto delle nostre povere eroine Cinderella e Joan-of-arc oppure Alice o la Virginawulf o quella sfigata poveraccia dell'Epifania che ogni anno tutte le feste gliele fanno portar via.

Succede che una sera che siamo a trasmettere della desinenza *a* nella poesia e dal pomeriggio siamo lí con altre ragazze a preparare il materiale eccettera eccettera e c'è anche l'amministratrice della Responsabilità Limitata, cioè l'Udelia, la Sylvia chiude i microfoni nostri ed esclude la bobina che sta passando, poi si getta all'arrembaggio e dice "questo è un SoS, questo è proprio un SoS attenzione attenzione stiamo affondando nei debiti, sob sob!" e noi la guardiamo che non abbiam parola ma con gli occhi ci diciamo, la Sylvia, la Sylvia è passata alla follia altroché SoS, ma lei continua a blaterare e dice c'è una cambiale da pagare che scade domattina, se non c'aiutate voi anneghiamo, aiuto aiuto, questo è un SoS! L'Udelia allora che è rimasta rintronata perché il giro dei soldi l'ha in mano tutto lei, prende a incazzarsi e le strappa il microfono di mano e le dice "che cazzo succede, che stai a vanverare sei ammattita?" Ma la Sylvia continua "è un SoS, ah quanti debiti cancheri a loro", e cosí s'accapigliano e interveniamo anche noi e mentre siamo lí in diretta a sbraitare state ferme, arriva la Frida, presidente della Responsabilità Limitata, dio se la porti, che ha sentito puzzo di bruciato ed è corsa subito al sottoscala. E si lancia nella mischia e urla all'Udelia che i soldi lei li ha sborsati e allora che cazzo di storia è questa che si deve ancora pagare una cambiale? Sporca ladra che ne hai fatto dei miei soldi e l'Udelia "Ho pagato, ho pagato" ma l'altra sberla uno schiaffo che la colpisce in pieno. Poi continua a saltarle sopra che l'Udelia è ormai kappaò e la pesta e urla come un'indiana che noi pensiamo "veh, come si amano le lesbiche". Dopo ci scuotiamo dalla nostra stupefazione e le fermiamo mentre la Sylvia si mette una mano alla bocca un po' sbadata e si lascia sfuggire un oibò, cioè come dire che cazzo ho combinato.

Cosí passa la notte che abbiamo messo in trasmissione un nastro registrato di poetesse milanesi molto brave e cerchiamo di risolvere quel che è successo, ma la Sylvia dice "ecco la prova" ed estrae la cambiale e dice pure che s'è lanciata a far la pulzella perché cosí la reazione piú immediata, il pubblico piú coinvolto, lo scazzo davvero scazzo, insomma tanti soldi in breve tempo.

La Frida presidente rabbrividisce a questa

logica spianata e le strappa di mano la cambiale e senza leggerla la sbatte sui denti dell'Udelia e le dice brutta ladra sei alle strette e via una sberla e noi a tenerle e reggerle che si capisce che son come galli nel serraglio, pronte solo a far la guerra. Poi la Nanni afferra la cambiale mezza straccia e ci legge su l'indirizzo e quando legge "Radio Salomè" capisce l'equivoco e s'alza in piedi trionfante "non si paga, non si paga," cioè la cambiale è delle concorrenti, mica nostra. Silenzio stupefatto. Tutto un girar d'occhi sul foglietto. Udelia si muove, s'allunga, alza il braccio a quindicimila fotogrammi per secondo, mezzo minuto dopo prende il foglietto, lo porta davanti agli occhi, li apre e li chiude nella messa a fuoco, legge col pensiero, tutto tace, niun si muove, restituisce il bigliettino alla Nanni, apre la bocca e fa "ooooooohhhhhh". Quindi torna nella sua posizione, fa il replay sempre rallentata che noi pensiamo "veh, come le han fatto beni i corsi di mimo e gli addestramenti al corpo, proprio bene" e finalmente grida "Non è nostraaaa!"

Noi applaudiamo tutte in coro, meno la Frida che le è andato persino storto il sigarillo che fumava. Lei capisce che s'è presa un accidente per niente e che la colpa è solo di quella tonta della Sylvia. Aggredisce dunque lei questa volta dal di dietro e noi riusciamo a far ben poco perché c'è la pioggia degli sputi dell'Udelia che pare un tornado, cosí rinsavita. In breve, dobbiamo ancora una volta correre ai ripari e lasciare il nostro rifugio e metter su qualche rimedio che sembra proprio che dove arriviamo noi fischia sempre forte il vento e infuria la bufera.

Ci diciamo di metterci tranquille che è il solo modo per smaltire le ciucche d'attivismo e le scazzate. Però sembra che le avventure non ci voglian proprio voltare il culo e ci cascano addosso anche senza che noi le cerchiamo, insomma siamo sempre in ballo, quindi balliamo.

Ci facciamo dunque un giro al Cantinone dove ci sono dei ragazzi freak e dove si può suonare la chitarra e cantare e dire porcate e qualche volta a me mi scappa una scopata col garzoncello che è alto e ben fatto soprattutto tra le cosce e ha un viso da bambino che è uno scioglimento. La Sylvia prende a lavorare a mezzagiornata dalle scopine che son poi le bidelle delle scuole riunite in collettivo. Nello stesso periodo la Nanni si licenzia da segretaria nello studio di un notaio finocchio e viene ad abitare con me, che son sempre la Pia, perché la quarta Splash, Benny, va con un uomo di Milano e per me, la Pia, l'affitto da sola è troppo e cosí anche la Nanni va via di casa che era l'unica ad esserci rimasta, benché di noi la piú vecchia, venticinque anni. Benny si chiama Benedetto ed era un uomo o meglio un ragazzo ma ora fa la checca con noi ed è il quarto asso del nostro Poker Godereccio e succede alle volte che qualcuna di noi ci fa all'amore, perché è molto dolce, ma bisogna farlo fumare un casino, sei sette spini per metterlo in tiro, a patto naturalmente di tenergli un dito infilato per di là, sennò care mie, nemmeno provarci.

È un momento che si sta dunque abbastanza bene e non c'è cosí paranoia come nei mesi addietro quando la nostra Dyane era un lacrimatoio e sol che aprivi una portiera inondavi tutta quanta la pianura d'Emilia, perché c'era sempre qualcosa che andava storto un Hatú settebello che deragliava in loco, o gomme forate in campagna, insomma una vera e propria maledizione mentre al Cantinone si sta benone finché non arrivano gli eroinomani a far da padroni e io, la Pia, m'innamoro perdutamente di uno di questi che dapprima mi fa filo, poi d'improvviso scompare. Cosí trascorro le mie giornate sul lettuccio a guardare dalla finestra e sperare che il mio ragazzo arrivi e si faccia all'amore perché con lui non sono mai stata cosí bene, davvero davvero. Nemmeno quando stavo con uno di Parma che mi regalava gli ori che poi io rivendevo alla botteguccia di via Filatoio e me lo pagavano bene tutto quel vilmetallo giallo, bianco, azzurro e persino blu. E lui c'aveva un pied-à-terre a Modena dalle parti del Galoppatoio e lí si stava a far esperimenti d'amore con la guida delle trecentoventi posizioni che aveva comprato ad Amburgo, eppoi si finiva a cenare all'Ortica, sulla Secchia, e a me mi piacevano da morire quegli spaghetti verdi conditi appunto col sugo d'ortiche. Niente, quel mio uomo non si fa vivo, il Tony non si vede proprio e io l'immagino a bucarsi dentro un bidone della spazzatura o fra i sacchi neri dell'immondezza che è la stessa identica cosa perché son sempre un letamaio, altro che Trash! qui il mio Tony mi muore per una stricninata troppo dura e io allora come farò?

Una notte arriva verso le tre, mentre Nanni ed io profondamente dormiamo perché troppo bevute al Cantinone. Arriva con gli occhi sbalzati fuori che gli pendono come due tette e ha una voce scatarrosa che nemmeno carondimonio, e la saliva secca e oscena attorno ai labbroni screpolati, insomma una cosa da far spavento e infatti noi due ci spaventiamo finché non lo si riconosce per il Tony e lui sviene, cosí, nel pieno del riconoscimento come a teatro. Lo butto allora nella vasca e gli faccio una doccia e un po' mi fa schifo perché ci ha due mutande una sull'altra per ripararsi dal freddo povero piccolo con tutta la sua grincia appiccicata su e ci ha anche tre maglioline, un fac-simile di Lacoste e un pulloverino tarmato e una dolce vita Americastracci e puzza, a ogni strato che gli sollevo puzza sempre di piú e ci ha anche delle croste gialle sotto le ascelle e le braccia diomio secche e contorte che sembran i rami della croce di Gesú, insomma è ridotto proprio male tanto che la Nanni mi guarda e dice di mettere il Lisoform nell'acqua del bagno ma poi decidiamo per il bicarbonato e qualche cucchiaino di Pedorex che non fa mai male e gli facciamo la doccia tenendolo su per la testa perché altrimenti, svenuto com'è, ci si può affogare davanti agli occhi in tutta quell'alka seltzer. Gli metto dopo il mio accappatoio quello a fiori gialli e blu che sono d'altra parte i miei colori preferiti e che ho fregato al Coin quella volta che se mi svuotavano il pellicciotto ci facevano un altro supermarket, insomma lo vesto un po' e gli faccio il caffè e per cinque giorni anche la madre, e lui finalmente si riprende finché una bella sera che siamo in atteggiamento intimo, lui si alza, mette le mie mutande perché le sue le abbiamo gettate, i miei blue-jeans, un maglione della Nanni ed esce. Io lo rincorro nuda come sono fin sul pianerottolo e gli grido dalla tromba delle scale amore mio torna indietro, ma indietro non torna. Torna invece la porta dell'appartamento che si sbatte e mi lascia nuda e tremolante sull'ammezzato dove son costretta ad attendere il ritorno della Nanni che mi trova mezza assiderata che ci vorranno tre giorni a rimettermi. Mentre io sono lí coperta dai plaid e aspirine che mi sgelo, arriva Benny, in souplesse. La Nanni ed io mica capiamo tanto bene la situazione e pensiamo sia un po' sballata per i cazzi suoi perché continua a muoversi tutta lenta e si vede che vuol dire qualcosa ma che gli fatica a salire. La incoraggiamo e la facciamo sedere finché lei non dice "Ahimè m'ha piantata, il porco m'ha piantata, una bella finocchia come me giovane e carina, piantata e sotterrata, ahimè ahimè cosa sarà di me?" La Nanni va a prendere un po' di beveraggio e torna con del fernet che gli diluisce nell'acqua minerale, dice bevi Benny, bevi che ti farà bene, ma lei si sbroda tutta, sembra farlo apposta, quel che entra in bocca lo ricaccia nel bicchiere cosí che ci viene tutta una puzza di fernet che anche la nostra gatta, l'Arialda, s'imbriaca e miagola storta.

Quindi Benny inizia a parlare e va avanti

fino alle otto di sera ininterrottamente, una frase, una sigaretta, un po' di brodaglia di fernet, un'altra frase, un'altra sigaretta e via, tanto che io m'addormento e sogno il non piú mio Tony che si fa un fix di fernet nei cessi della stazione insieme alle checche sfrante che bazzicano colà.

Benny la teniamo in casa perché lasciarlo solo non si può, magari sarebbe capace di commettere una sciocchezza tipo lanciarsi dal balcone anche se qui siamo al primo piano e non si farebbe un gran male. La Sylvia ci raggiunge la sera dopo il lavoro dalle scopine e cosí durante un'autocoscienza ci accorgiamo che da un po' ci siamo lasciate andare tutte e quattro con i nostri personali coinvolgimenti e questo non è possibile, insomma dall'esterno parrebbe che abbiam messa la cosa a posto, mentre noi invece non lo vogliamo assolutamente. E ci si fa forza e per il sabato si prepara una grande uscita di quelle da Poker-Splash e si decide di andare al Marabú di villa Cella dove son circa tremila cazzetti e si può far un poco di follia.

Quando entriamo al Marabú si sente che nell'aria c'è del buono e che di certo si conclude, lo si sente e quando è cosí i termometri sono i nostri capezzoli che si fan rigidi e le saccocce della Benny che si restringono. Per prima cosa andiamo verso uno dei tre bar, naturalmente quello di destra, al piano superiore dove ci sta anche il tivú color schermo gigante e dove una volta la Sylvia ha addirittura scoperto due che si chiavavano nella penombra tanto che poi c'era il divanetto bagnaticcio e lercio e lei ci ha messo su un Kleenex che poi ha sbattuto in faccia a uno che la molestava e che non le toglieva le mani dal culo. Al bar beviamo quattro Martini cocktail e civettiamo elegantemente avanti e indietro e facciamo le tontarelle e disponibili, insomma srotoliamo per intero la nostra carta moschicida cosicché tutti i grulli che passano e tendono le orecchie resteranno inequivocabilmente invischiati. Benny è uno schianto. Ci ha messo tutto il pomeriggio a prepararsi e s'è depilata e rasata e fatta la mascherina e profumata e truccata e ci ha un vestito lungo alla gaucho che finisce in due stivaletti appena un po' sopra alla caviglia e questa gonna pantalone è di raso fluttuante e lucido che quando cammina controluce gli si vedono le gambe e le cosce che ce le ha veramente belle, sul serio. Sopra si è messa una camicetta bordeaux anche lei tutta svolazzante, tirata su con gli spallini come una giacchetta e coi suoi capelli cortissimi è davvero bella soprattutto per via dell'anellone che le vien giú a destra fin quasi sul collo. Noi l'abbiamo aiutata con un filo di buon cagàl sulle palpebre e le abbiamo fatto lo shampoo all'henné e poi io le ho prestato un piccolo gilettino bianco con le perline che lei distrattamente s'è messa sopra alla chemise *volante*. Io ho su dei blue-jeans stinti stinti con le bretellone pal-color e una camicetta aperta sul davanti che mi fa le tette penzoloni, che mi piace cosí, e inoltre due stivalacci di pecora che purtroppo si vedono solo se sto aggrappata allo sgabello dell'American bar. La Sylvia è invece tutta freak o meglio, dà anche un po' sul folk perché tiene gli zoccolacci che cosí si capisce che non è venuta per ballare, lei. E la Nanni, be' lei la piú ganza, è uno splendore che luccica tutto il Marabú.

Il primo che si invischia mentre noi cicaliamo alla quattro sorelle è un ragazzone che ha le mani pesanti e che punta dritto alla Sylvia. Non è bello, lo lasciamo perdere dopoché ci siam fatte offrire un giro di Ferrari Nazionale. Ne arrivano altri tre che insistono poco perché vogliono arrivare subito al sodo e a noi non va di buttare subito le nostre carte e dobbiamo faticare a tener ferma Benny che è tutta un bollore dopoché uno del terzetto l'ha toccata sulle chiappe e ha infilato il dito avanti indietro nell'anella e slumava quel su e giú, fremente il baffo. Ma alla fine riusciamo a tenerla buona anche se si deve faticare parecchio, soprattutto la Sylvia che grida seccata "andatevene via" e accompagna le parole con una finta sborsettata ma tanto basta perché le si rovesci sulla moquette tutt'intero il consultorio che ci teneva dentro, preservativi, vaseline, pilloline, ovuli e diaframmi, creme spermicide oli antibambinetti, persino il lubrificante gustoforte KY della Benny, quello di scorta.

Mentre lei è china a raccogliere il nostro fabbisogno con noi che bestemmiamo e ridacchiamo torna a farsi vivo il primo, quello dalle mani grosse che a rivederlo sembra quasi belloccio forse perché noi siamo digià bevute, e torna con tre amici che fanno l'intorto. La Nanni cede per prima a uno molto ganzo tutto un bel pelo rosso fuoco, alto e bello e scompare verso la pista a ballare perché han messo i lenti ed è proprio questo il momento per soppesare il partner. La Sylvia va via con mano di fata e si sbattono la lingua in bocca mentre scendono le scale. Gli altri due ce li sorbiamo Benny ed io. Non sono molto ma sono giovani e carini, diciamo studentelli sui vent'anni eppoi quello che ha gli stivaletti piace al Benny che se lo mangia con gli occhi. Loro propongono di uscire a vedere il cielo e noi ci tocchiamo in silenzio, perché è proprio tutta da ridere. Usciamo dal Marabú con la nostra contromarca che per fortuna non è mica un timbro indelebile sul braccio come fanno al Picchiorosso o in certi ostelli del Nordeuropa; ci danno un cartellino e voilà, il gioco è bell'e fatto.

Prendiamo la loro auto che è una Citroen DS a sei piazze tutta bianca e linda che sembra Moby Dick e c'ha il pelo d'agnello riccioluto sui sedili divanetto e lo stereo nel cruscotto e persino tre fiaschettine di Ballantine's tanto che io mi sciolgo e mi dico guarda questi giovani Holden come si dan da fare, e brindo a loro, insomma lo confesso ne sbatto giú una da sola. Loro fumano anche un joint di quelli antichi fatti a tre cartine una sull'altra, mentre la balena bianca col muso alzato corre veloce verso la campagna. Ci si ferma davanti a una cascina abbandonata e si vede che loro vengono sempre qui a sbattersi dopo il Marabú perché vanno dritti e lesti verso il fienile che sta dietro e ci posteggiano l'automobile cosí sicuri che non lasciano alcun dubbio. Benny sta sul sedile posteriore e ha già preso ad armeggiare tanto che si sente il rumore dei suoi gemiti e allora dico al partner lasciamoli un poco soli che noi si fa un girettino al fresco anche se la rugiada pesa. Camminiamo per una buona mezz'ora tenendoci la mano e limonando al profumo della campagna che di notte pare buono e se facesse solamente un poco piú caldo sarebbe davvero un ottimo trip starci a far l'amore distesi sull'erba e in faccia le stelle. Ma poi torniamo in macchina che Benny ci chiama e facciamo le nostre cose.

Ritorniamo al Marabú e al bar ritroviamo le altre due che se la ridono e ci raccontano quello che hanno fatto, ma sembra che l'unica che ha goduto è la Nanni. Beviamo un altro giro di berlucchino eppoi risaliamo sulla nostra Dyane e ce ne torniamo a letto soltanto in tre perché la Sylvia si perde per strada con mano-di-fata e noi ci fa ridere immaginarla che fa pompini su e giú per la via Emilia.

Le storie del Marabú avanzano per un paio di mesi ogni sabato, ma poi ci si stanca perché ci accorgiamo di avere la piazza rovinata e anche se circolano due-tremila cazzetti, quelli abbordabili si sono già fatti tutti. Torniamo al Cantinone, ma lí gli eroinomani hanno installato il giro e Tony, il mio Tony che è tornato, non fa che sparlare del nostro poker tanto che un giorno salgono in casa i Carabbenieri nell'intenzione di trovare della polverina perché quel pirla del Tony ha dichiarato che viveva con noi, cosa che non è vera o almeno lo è stata per non piú di cinque giorni. Cosí la terra bruciata attorno a noi si fa sempre piú invadente fin quasi a sommergerci e dobbiamo pensarne un'altra, magari tornare a fare cultura col vecchio giro ora che torna la diletta primavera e la stagione sembra proprio bendisposta a un grande aiuto. Infatti: come quando in un sottobosco ben docciato e acquazzonato nascono funghetti trallallero-trallallà, cosí in città nostra tutto uno sbocciare di cappelle e prataioli, cioè collettivi giovanili e gruppi autogestiti, sempre la solita gente variazionale s'intende, che saltella qua e là nel solito farsi e disfarsi ermafrodita che vede ad esempio New Mondina Centroradio fondersi con Radio Salomè e dare i natali alla piccolina, cioè Radiolilith; il Mèlies frazionarsi in tre sottogruppi, il Vertovmenia, i piú documentaristi, i Godardiani, quelli che non si capisce bene, e i Gruppotapes Selvaggi in cui andiamo spesso e volentieri pure noi. Ma la crème della crème tutta a costituire il PERFORMANCE GROUP che si occupa di cose belle e strane che succedono da ogni parte, ma soprattutto in questa terra qui. E diventano davvero bravi e competenti, ognuno con le suemansioni e specializzazioni, pronti a lanciare un Happening internazionale la 1ª RASSEGNA INF-ART, giornate di arte infinita, che vedrà coinvolta tutta la città. Cosí cominciamo a leggere libri e sfogliare ciclostilati e farci un poco di retroterra e dopo, passato l'esame di ammissione, prendiamo ad andare alle riunioni dove c'è gente venuta anche di lontano attratta dall'aura di questo gruppo che davvero sembra il migliore. Ma si è solo all'inizio, ce ne rendiamo conto quando li andiamo a trovare nel loro capannone che per arrivarci si deve percorrere un largo viale fiancheggiato dai platani e tutto il casino del traffico di Porta Pazienza.

Però è bello, il capannone. Sta alla fine di un prato incolto con le erbacce alte che in mezzo si è formata una doppia corsia tracciata dagli pneumatici delle auto, cosí sembra di attraversare la giungla che ci sono anche due tigli e un terzetto di platani larghi che ci starebbe bene una persona dentro al tronco, in stato paranoia. Poi ci sono anche degli sterpi soprattutto lungo il muricciolo sbrecciato che si arrampicano e s'intrecciano e s'aggrovigliano come furie e lí non ci si passa però sta bene che prende una parte del tetto spiovente del capannone e persino alcuni finestroni tutti a scacchi come di una fabbrica inglese fine Ottocento, rivoluzione industriale & compagnia bella. E questi stanno in fila l'uno appresso all'altro nel numero impreciso di sette, insomma per tutta la fiancata che dà sull'ingresso. Davanti al capannone c'è una specie di loggia con le travi allungate e una tettoia di tegole e la terra battuta e polverosa con qualche ciuffetto di verde macchiaiolo. Qui ci vengono incontro alcuni del Performance Group e soprattutto Giulio che c'ha proprio la stoffa magica dell'artista e del capobanda anche se è solo addetto elettricista.

Lui comunque ci porta dentro come fossimo turiste dicendo alla vostra destra e alla vostra sinistra cosí che noi guardiamo or qui or là in sincrono sballato e non si capisce nulla. Però qualcosa si vede cioè barattoli di vernice, tubetti di tempera, pennelli, forbici, scotch, rulli, pastelli e matite, corde ed elastici, gomme e fermagli, graffette, legnetti, spazzole e mastelloni di cartapesta e scagliola fusa, insomma tutto un armamentario povero e creativo cosí riconoscibile per quei barattoli di Vinavil e lastre Bristol e carta da pacco disposta su scaffali eternit, anche se è bastato un colpo d'occhio. Comunque noi si avanza come al centro di una navata col Giulio davanti dritti dritti all'ara là in fondo, cioè una piattaforma di legno un poco rialzata sulla quale discutono gli altri in mezzo a microfoni, altoparlanti, spots e faretti mille watt. Però noi stiamo ancora guardando il lungo disegno sulle pareti come dipinto dalle mani di tanti fanciulli che non si capisce bene se lo ha fatto Sebastian Matta, o Emilio Vedova o non piuttosto la compagnia Victor Jara invece di quei bambini. Perché prima il capannone era un deposito di camion che si vede come hanno sconnesso il pavimento, poi una cooperativa di pittori ci ha messo le mani eppoi anche il Comune con festival dell'Unità e infine un'esproprio da parte del collettivo di animazione e di qui al Performance Group dove si son ritrovati tutti, cioè camionisti, pittori, pubblici impiegati, mimi, istrioni e messi comunali.

Cosí ritroviamo vecchie facce e conversiamo e accendiamo le nostre sigarette mica a disagio per niente. Comunque non si vuole che loro interrompano le prove o quel che stavano facendo e si dice fate fate che noi vi guardiamo. E loro riprendono a sputare nei microfoni e masticarli e ruttarci dentro che noi diciamo un poco imbarazzate "però recitan bene" e quasi quasi applaudiamo quando Jimmy fa una scoreggia di petto che piú bene di cosí non si può. Poi uno dice abbiamo recitato *Phono-Rimbaud* e allora a quel punto lí le mani ce le spelliamo sul serio.

Poi si discute fino a tardi anche sulla performance di Cecio, cioè un meccanismo complicato che porta il pubblico sulla piattaforma, oi oi oibò, che sian tornati i Living Theater? Niente smancerie, tutti calmi, ci si accontenta di molto meno che gli eroi e cosí c'è una cuffia sul palcoscenico da cui esce un rumore che viene raccolto dal microfono sottostante vicino a una sedia che cosí sembra ci sia qualcuno che parla, ma non c'è però nessuno. E allora, mistero? da chi vien quel parlottare e sussurrare che la cuffia spedisce lesta lesta e ci arriva qui seduti? Chi mai s'avvarrà di quella innocua cuffia messa lí per aria tutta stentarella per vomitarci imperi e voci misteriose? Mistero mistero, qui nessuno lo vuol svelare, il Cecio s'attarda, si gratta la panza, però non dice niente, tutto top secret. Quando noi vediamo che dalla sua bocca proprio non si becca un cazzo decidiamo di levare le sottane e di andare in osteria che è quasi tardi per cenare.

In osteria ci sediamo accanto al muro in un falso separé con tutta una luce alla Vittorio Storaro, gialla e rossa mischiata alla perfezione, insomma un'arancione fulvo e cosí caldo che sembriamo davanti al focolare in un film o in una luce di Michelangelo Merisi detto il Caravaggio. Be', qui ci siamo noi col Cecio e Giulio e Riccio; poi fuori dal separé l'Udelia e la Frida inseparabili e le altre. Beviamo beviamo e mangiamo panini caldi, ai formaggi al gulasch e allo speck e il mio preferito, il Gaucho, piccante alla follia come un bacio di Cary Grant. Cosí mi bevo davvero tanto e faccio un gran miscuglio in pancia con birre e frizzantini e me ne sto dunque per i cazzi miei a leggere quel che c'è sul muro che sembra proprio che chiunque sia di qua passato abbia tracciato qualcosa non solo sul muro, anche sul tavolaccio, incidendolo chi piú chi meno. Insomma tutto un inventario colorato di autodefinizioni, brandelli filosofici, slogan semiseri, invettive, quartine rime e porcate, gridi inni e slogan tutti sovrapposti gli uni agli altri e inseriti tra parola e parola a far fuori irresistibili ironie e tutto nel gergo mischiato e poliglotta della fauna stessa cioè molto italiano cencioso, molto tedesco sublime, persino gotico ahimè, molto angloamericano e parecchio slang, qualche francese da boudoir, qualche graffito arabo, sumero o indiano e persino una evidente traccia di cirillico scritta col pantone vermiglione accanto a Culo culo orgasmo del futuro. E io a leggere e mutare parole e rubar matite a tutti e graffiare anche col cagàl e far gestacci e creare, dio che sballo creativo, dio che sbornia, dio che ssssssbausciata dell'ego!

Dopo l'osteria siam tutti fradici che non abbiam la forza nemmeno di rollar su uno spino perché piú di cosí si crepa, e prendiamo a girare tutte abbracciate e cantare la Marsigliese o la Contessa e quando siamo nei pressi di una fontana c'è la corsa a bere e bagnarci e raccattar sportine di plastica e far gavettoni soprattutto al Giulio e al Cecio e al Jimmy che noi siamo bene organizzate. E la guerra prende tutta la piazzetta che arrivano altri a dar man forte ai vili ma noi controlliamo la fontana e guerrigliamo proprio bene tanto che poi loro si arrendono intopati dietro a una cinquecento bagnati come al mare. Dopo nessuno ci ha piú sonno e andiamo a far tardi per la campagna, ma siamo un po' spompati tutti quanti lo si vede che non facciamo che cantar canzoni di dieci anni fa Lucio Battisti e Luigi Tenco e Fabrizio de André, insomma torniamo ragazzini, le prime festicciole, i bacetti, le scampagnate in bicicletta, i primi intorti, le gnoccate là in quel bel posto vicino alla bonifica e ai mulini di mia cugina e le prime strette di culo e i pattinaggi sulle piste delle balere, tutto prima del liceo, della politica, dei concerti; ahhhh che regressioni lo sballo in questa notte di luna!

Con il Performance Group si resta un po' di tempo e assistiamo a tuttequante le sedute e aiutiamo a spedire inviti e ciclostilare i programmi e far l'occhiolino al Cecio che ci dica finalmente quel che noi vogliamo. Poi una bella sera quando sta a lui provare ci dice di metterci tutti a sedere in mezzo alla platea e ci impone di comportarci naturalmente e lo dice per un bel po', siate naturali, siate naturali che noi crediamo oddio quello ci manda i leoni nella fossa e noi star lí a guardare, *nature*.

Poi confabula col Giulio e smacchinano attorno a cavi e fili e noi ci si accorge che sopra la testa, agganciati ai travi del capannone stanno due microfoni a testa in giú che pendolano gravi

gravi. Dopo tutto un fischio che ci portiamo le mani alle orecchie e poi un gracchiare e gracidare di microfoni e noi a dire "vaccaeva" e sentircelo un attimo appresso ripetercelo un poco storpiato. Cosí s'intuisce il mistero, pianopiano, e si guarda tutte in mezzo al palco quella seggiola vuota e quella cuffia e ci si immagina una persona seduta lí nel vuoto che parla con la nostra voce e sente la nostra voce. Diosanto che trip dell'immaginazione, ecco d'un tratto l'immagine-rappresentazione dell'uomo sottomesso a un processo d'informazione dominato dall'energia elettrica, ecco chi ha centrifugato il nostro sistema nervoso centrale, ecco finalmente la materializzazione di quel che docent, maxima cum causa, e in stretto pas -de-deux Marshall Mc Luhan & Umbert d'Ecò!!!

Cosí applaudiamo e diciamo porcate che sentircele dopo ripetere fa ridere e il Cecio gongola e dice vedrete quando sarà pieno di gente e noi continuiamo ad applaudire e ci prende la voglia di far su qualcosa anche a noi fossanche un videotape, però l'importante è partecipare.

L'idea ci viene quando prendiamo ad andare a Modena, nelle birrerie dove non ci conosce nessuno e i locali son belli e puliti e c'è gente in gamba e industriosa, cosí a prima vista. E anche Modena è una bella città e la notte ci divertiamo a girare ubriache i viali spingendoci fin verso la Fiat Trattori dove stanno le lucciole e lí succede che la nostra idea diventa proprio cosí quando ci mettiamo a chiacchierare con loro e pensiamo di fare un filmato e anche un collettivo sull'esempio della Ulla, e della Falana, quella romana. La Sylvia riesce a procurarsi dai Gruppotapes un Akai 110 che è un tragattino quarto di pollice e funziona quando funziona, ma a noi basta. La Nanni che ha preso a lavorare al Consorzio Socio-sanitario riesce a grattare all'Ortofonista che è il capufficio un magnetofono, io porto una Zenit per far foto. Non si vuole però far soltanto spettacolo, anche prender coscienza e dibattere, per cui il Benny produce e tira in cinquanta copie la bibliografia del nostro seminario e noi volantiniamo alla Fiat Trattori e invitiamo all'autocoscienza e al gruppo di studio e alle riprese tuttequante perché i momenti vanno integrati e non si può soltanto starsela a menare senza prender coscienza. Giriamo qualche metro di nastro magnetico dell'Akai, ma è notte e quand'è ora di veder la registrazione è tutto buio e non si distingue nemmeno il falò. Svolgiamo anche una bobina ma le voci son gracchianti e lontane, insomma la documentazione è davvero un disastro e quando la mostriamo al Performance Group nessuno osa guardarci in faccia e stanno lí come imbarazzati ma poi Cecio dice che fa proprio schifo e che robe cosí non si possono spacciare per cultura, seppur alternativa, perché diomio bisognerà pur salvaguardare un attimo di chiarezza e pulizia mica come voi che girate al buio e non si vede un'ostia di niente. Noi lo guardiamo e c'incazziamo subito e ci prendiamo come solito a botte e borsettate e gli diciamo che non capisce un cazzo lui, perché il nostro tape è un very-very tape cioè una comunicazione quotidiana eccetera eccetera. Ma lo scazzo rimane, dopo ci cacciano anche da lí e per fortuna che è rimasto in piedi il collettivo della Fiat Trattori che quando è l'ora di riunione si vede arrivar gente, ma tanta tanta, un'auto dietro all'altra che in breve lo spiazzo diventa un'assedio alla carovana dei coloni perché ci han messo le macchine tutte intorno e continuano a fare girotondo quasi si divertissero a giocare agli indiani anche a un'ora sí tarda. Poi ne sbucano fuori due, ma mica son lucciole, hanno baffi e coltelli e spranghe e dicono se non ve la filate vi massacriamo e le lucciole giú a ridere che si sentono i loro singulti uscire dai finestrini semiabbassati e noi ci si rimane di merda, ma non perché ci han tradite, perché abbiamo fifa.

Ma Modena è bella e si respira di primavera un odore buono, di provincia alacre e intellettuale, insomma piú civile della nostra Reggio e dei suoi paraculi. In birreria conosciamo altre donne e anche un paio di ragazzi che fanno l'università e sono nostri coetanei. Con loro ci si diverte, si fa mattino e una sera ci invitano in una villa a Freto, vicino Serramazzoni, molto bella, con quattro candidi pastori marchigiani che abbaiano per il parco. Noi ci diamo dentro con gli alcolici e finisce che io vado a letto col Pietro e la Sylvia con Luciano che è il piú bello dei due. Ci vediamo spesso anche con le ragazze, la Tilde, la Fefi, la Tully, l'Anny, la Mirka e la Katy tanto che si pensa di metter su una comitiva per il convegno femminista giú Roma. Se ne discute per qualche sera ma poi il Benny pianta il casino perché dice di sentirsi emarginata e quando la Tilde, non l'avesse mai detto, esce maldestra con tu sei un maschio, non prevaricare, Benny strabocca, prende la caraffa del Frascati e la rovescia addosso alle modenesi e dice che sono stronze e anche noi tre lo siamo perché non si vuole capire una sega di niente e che quelle come noi non vogliono far guerra al cazzo, ma soltanto addomesticarlo mentre il cazzo va domato con la frusta e col fuoco e tutto questo si fa con le finocchie che son la vera rivoluzione, quindi anche con lei la Benny. Le modenesi pigliano spavento e cacarella e nel locale pesa un silenzio di piombo e tutti tendon le orecchie, chi farà la prima mossa?

Poi una voce stridula si alza e insulta Benny dicendole uccellona e noi tre non possiamo far finta di niente come le altre e ci alziamo e rovesciamo altro vino e si accende una mezza rissa finché non ci spingon fuori ma la Sylvia ha la forza di urlare sulla porta che a noi non frega un cazzo dell'ideologia, ma solo delle persone tout-court e che le alleanze si stringono sui vissuti e mica sulle chiacchiere insomma anche se non è proprio il caso di dirlo, gettate come siamo in mezzo alla strada, diciamo che ne abbiamo piene le palle e quindi ce ne andiamo via. Poi ci rimettiamo in ordine e smaltiamo la sbornia in Piazza Grande girando avanti e indietro con la Benny che ci tiene sottobraccio e sussurra fra i lacrimoni che ancora non terminano di scendere "Grazie ragazze, siete state fantastiche..." e allora ci si consola sui gradini della piazza vicino a un freakettino che strimpella e zufoletta e Benny che come un disco ripete fra il cagàl che sbava tutto, il suo timido "grazie ragazze".

In questo modo sfuma il giro delle birrerie ma poi se ne trova un'altra vicino al Fini dove s'attende l'estate, insomma ci svacchiamo su quelle botti per un altro mese finché non viene la buona stagione per tornare in collina, sopra Reggio, in quei ristorantini ammodernati che dominano la pianura e da cui anche la nostra città persa là in fondo tra le volute di vapore e le luci sembra pressoché bella e vivibile. Per agosto come lo scorso anno ci si divide e si scioglie il Poker Splash. È nei patti. Uno straccio di indipendenza e di autonomia, ognuna per i cazzi suoi, una boccata d'aria per non trasformare il nostro sodalizio in carcere. Lo scorso anno, al ritorno tutto è andato bene e ci son voluti due mesi, fino ai morti praticamente per sciogliere gli arretrati e la voglia accumulatasi di star insieme, tra donne. Quest'anno la Silvia parte per Capraia, la Nanni per la Grecia, Benny per la Spagna e io per la Turchia. Ma quando ci si ritrova a settembre si capisce che qualcosa di nuovo è purtroppo arrivato. E non sarà mai piú come prima.

L'avvio è di Benny, che si presenta in osteria vestito da uomo con la barba e il portamento virile che quasi non lo si riconosce tanto è cambiato ed è davvero, conciato da maschio, un gran bel pezzo di ragazzo. Dice che deve riscoprire la propria eterosessualità, che anzi qualsiasi definizione del comportamento gli sta stretta e che per quanto lo riguarda farebbe a meno degli omo e degli etero, perché esiste soltanto una sessualità contigua e polimorfa e allora bisogna iniziare a superare questi settarismi di merda e liberarci finalmente dai condizionamenti, "Come sto facendo io con lei" e ci mostra una bella ragazza che teneva nascosta e dice che di lei è proprio innamorato, ma tanto tanto. Insomma care mie il tempo dello svaccamento è terminato. Poi si versa da bere. Noi lo guardiamo il Benedetto e la Nanni non trattiene un sorriso, lui lo coglie, si alza e se ne va dicendo serio alla ragazza sua amante "Queste non sanno ancora che vuol dire innamorarsi". Ma noi non si dà importanza all'accaduto e il Benny è meglio che ci abbia tradite cosí che in altri modi.

Piú tardi succede la cosa della tivú privata che manda un galoppino a casa della Sylvia. Quando mi telefona è sconvolta. Dice che vogliono fare un programma su di noi, una ventina di minuti, perché certe voci sono giunte fino a loro e cosí ci si accorge di essere diventate un numero da esibizione tivú locale, Ventiminuti con... La cosa non passa liscia. Ora fatichiamo persino ad uscire di casa, si diventa isteriche al limite del suicidio collettivo che si sfiora quando la Sylvia lascia aperto il gas nella cucina in cui siamo Nanni ed io; Nanni a sua volta mette il solfato di rame nelle nostre tazze all'ora del tè, io preparo due fiale di acido, una per la Sylvia e una per la Nanni. Ma per fortuna o puro caso non succede nulla e solo l'Arialda ci rimette le penne. Ci lasciamo scoglionate con la promessa di risentirci quando ognuna avrà pensato il daffare, ma non ci vediamo quasi piú se non per combinazione.

La Nanni litiga il mese seguente con l'ortofonista perché non gliela fa piú a sopportare il suo modo invadente di relazionarsi con tutti, grandi e piccini, e apre un negozietto di macrobiotica e astrologia, "Cucina con le stelle". La Sylvia lascia le scopine e prende a dare lezioni in un pensionato di donne madri riunite in gruppo autogestito, io mi accorgo che si è giocato troppo forte per i nostri nervi e cosí anche la Sylvia che mi scrive un letterone che mi farà piangere e bestemmiare. Dice che abbiamo pagato troppo caro il prezzo per la ricerca di una nostra autenticità, che tutto quanto abbiamo fatto era giusto e lecito e sacrosanto perché lo si è voluto e questo basta a giustificare ogni azione, ma i tempi son duri e la realtà del quotidiano anche e ci si ritrova sempre a far i conti con qualche superego malamente digerito; che è stata tutta un'illusione, che non siamo mai state tanto libere come ora che conosciamo il peso effettivo dei condizionamenti. Di Nanni invece vengo a sapere troppo tardi quando è in clinica per aver ingerito troppi Mogadon. Gli ultimi giorni, mi raccontano, era una medusa a secco, un'Es scaricato e circonciso e fiacco.

Ci ritroviamo con Benedetto e la Sylvia lungo il corridoio d'aspetto mentre le fanno la gastrica e ci abbracciamo forte e diciamo forza forza che gliela fa, ma c'è quasi nausea per quegli anni sbandati e quel passato che vorremmo anche noi rigettare assieme alla Nanni, quel pomeriggio vuoto di febbraio.

Viaggio

Notte raminga e fuggitiva lanciata veloce lungo le strade d'Emilia a spolmonare quel che ho dentro, notte solitaria e vagabonda a pensierare in auto verso la prateria, lasciare che le storie riempiano la testa che cosí poi si riposa, come stare sulle piazze a spiare la gente che passeggia e fa salotto e guarda in aria, tante fantasie una sopra e sotto all'altra, però non s'affatica nulla. Correre allora, la macchina va dove vuole, svolta su e giú dalla via Emilia incontro alle colline e alle montagne oppure verso i fiumi e le bonifiche e i canneti. Poi tra Reggio e Parma lasciare andare il tiramento di testa e provare a indovinare il numero dei bar, compresi quelli all'interno delle discoteche o dei dancing all'aperto ora che è agosto e hanno alzato persino le verande per godersi meglio le zanzare e il puzzo della campagna grassa e concimata. Lungo la via Emilia ne incontro le indicazioni luminose e intermittenti, i parcheggi ampi e infine le strutture di cemento e neon violacei e spot arancioni e grandifari allo iodio che si alzano dritti e oscillano avanti e indietro cosí che i coni di luce si intrecciano alti nel cielo e pare allora di stare a Broadway o nel Sunset Boulevard in una notte di quelle buone con dive magnati produttori e grandi miti. Ne immagino ventuno ma prima di entrare in Parma sono già a trentatré, la scommessa va a puttane, pazienza, in fondo non importa granché.

Stamattina mi sveglia alle sette e un quarto il Gigi e dice che ha il colpo buono, ha trovato un parente che gli anticipa tre milioni di lire al sette per cento a partire da tre mesi. Si tratta di fare un viaggio in India, a Bombay, comprare quel che c'è da comprare e tornarsene in Italia. In non piú di dieci-quindici giorni i tre milioni diventeranno sette o otto vendendo naturalmente al doppio del prezzo di costo quel che si è arraffato. Ma io ho detto di no. E finalmente se n'è andato. Mi ci è voluta mezza bottiglia di gin per riprendere sonno, il che è avvenuto saranno state ormai le nove. Ricordo di aver controllato in cucina l'ora quando mi sono alzato di nuovo per rispondere al telefono, un paio di minuti, mica di piú, che avevo ripreso a dormire. Per tutta la giornata Gigi mi ha tartassato con la faccenda di Bombay, è tornato all'ora di pranzo e ha continuato a menarla. La nuova telefonata è stata la goccia fatale. Ho bestemmiato ininterrottamente finché non ha riagganciato, ed è salito appunto verso la una. La novità è che ha trovato due biglietti per un volo charter in partenza da Amsterdam col prezzo praticamente dimezzato rispetto a quello Alitalia. Allora è stato tutto un conteggiare il superiore margine di guadagno a confronto con i cambi di valuta e le spese doganali e i passaggi attraverso il fiorino olandese. La storia ha iniziato ad appassionarmi, ma è durata ben poco, il tempo che Gigi ha impiegato per ricordarsi di essere a secco da oltre quarantottore. È sbiancato, s'è fatto livido, ho avuto paura, sono dovuto correre al CIM dove è in cura, prelevare l'assistente di turno e fargli il buco. Dei tre milioni non si è piú parlato, Gigi ha sonnecchiato e giocherellato con una collanina di vetro, ha fumato le mie sigarette, l'ho lasciato che pizzicava la chitarra.

Bruxelles ci piace nell'estate del settantaquattro, troviamo a Les Marolles un caffè in cui si beve Trapiste e da cui si guarda Place du Jeu-de-Balle, al mercoledí c'è una sorta di marché aux puces, tragattini e robivecchi da tutto il contado fiammingo. Bruxelles è meno cara di Parigi, piú provinciale e piú nordica. Ci serve per smaltire l'esame di maturità e i sonnolenti anni dell'apprendistato. Scopriamo tutt'insieme la birra, il sesso, les trous. Ai giardinetti del Petit Sablon andiamo spesse volte perché si trova gente giovane come noi, si fuma canapa, si suona e si chiacchiera su che faremo da grandi. Lí una notte conosciamo Ibrahim che è egiziano e lavoracchia da queste parti, parla un francese corretto, ha qualche anno piú di noi. Ci si vede ogni sera e a noi piace soprattutto quando ci racconta la guerra che ha fatto l'anno prima al Sinai, anche se spesso tende a strafare con i suoi carrarmati stella rossa che a sentir lui era il solo di tutti gli arabi che stava sulla torretta a sbracciarsi e dare ordini e come fischiava il piombo d'Israele e come rimbalzavano le mitraglie sulla corazza del T 55, pareva di stare al tirassegno tanto che poi solleva immancabilmente la camicia e mostra la cicatrice, però non si capisce bene come abbia fatto a ferirsi proprio lí.

Quando finiamo i franchi andiamo a lavorare con lui in Rue des Tanneurs. Puliamo i vetri di un ospedaletto-ambulatorio, laviamo i pavimenti, scrostiamo gli usci, intonachiamo e verniciamo, anche i termosifoni che son la mia specialità perché si lavora da seduti col pennello angolare come lo specchietto del dentista e non si fatica piú di tanto. Lí conosciamo anche gli svizzeri che sono in due e stanno sempre a farfugliare per i cazzi loro e non sono mica tanto espansivi, tutt'al piú quando Gigi arriva a lavorare in ritardo loro canticchiano allegri e strafottenti "Arriva Giggi l'ammoroso, tralalà" che è l'unica canzonaccia italiana che conoscono, poveri les suisses. C'è poi anche Jeff che parla solo fiammingo ed è un casino comunicare perché stiracchia non piú di cinque vocaboli inglesi e trequattro tedeschi, ma a gesti e sorrisi e pacche si riesce comunque. Ci pagano una miseria ogni finesettimana, però c'è sempre la risorsa della cassa comune che ci passano per il mangiare e allora si riesce a fregare qualche franco in piú stiracchiando sulle vivande e facendo i morti di fame con le infermiere che cosí si commuovono e passano le bifsteck, gratis. Dormiamo sempre lí in Rue des Tanneurs in uno scantinato che è poi una cave immensa e anche bella e con un odore buonissimo di margarina fritta e io ci sto bene e penso anche il Gigi.

La sera ci ubriachiamo. Ibrahim percorre tutta Rue de la Régence da Place Royale fino al Palais de Justice che sta in un immenso piazzale e si vede dall'alto tutta quanta Bruxelles, le guglie di Notre Dame de la Chapelle che sta lí sotto a fianco di un cavalcavia, i cristalli nerastri del Palais des Communications che ci andiamo a telefonare in patria, i grattacieli, le piccole piazze, le stradine contorte e lastricate, i grandi boulevards tra i platani, un'Europa diplomatica e veloce, un terzomondo cencioso e disperato e commovente come i ragazzi che vivacchiano alle Galeries Saint Hubert o alla Gare du Midi in attesa del treno per Amsterdam di cui Brussel quella fiamminga, è il serbatoio... in mezzo alla strada tra i taxi e le auto diplomatiche che sfrecciano e i tram che van sottoterra come i metro, canta "Gigi, Gigi, tansa-na-knicky" e balla che sembra un burattino e dice che è un ritornello egiziano e funziona cosí: si sostituisce il nome dell'amico e si ripete la strofetta che vuol dire "sei il mio grande amico" o piú in generale "mi piace che me ne sto con te". La impariamo subito ed è tutto un ciondolare a braccetto con Jeff che regge lo spino, ci guarda, non capisce ma tarantola anche lui. Dormiamo in un unico stanzone nei sac-à-coucher. La prima notte Ibrahim ci impressiona perché si corica con una papalina e sotto la testa mette un coltello piuttosto lungo e ricurvo che pare una scimitarra da fiera. Guardo Gigi e gli dico in dialetto "questo qui ci sgozza" e lui "stai tranquillo, tutt'al piú ci incula". E ride e capisco che è bevuto e Jeff nel suo angolo suona la chitarra, suona male, davvero molto male, una ninna nanna per non dormire. La notte un po' insonne avanza. La luce di un lampione azzurra e livida entra dagli abbaini e si sente amplificato dal sotterraneo il cick-ciack di qualche ubriaco che passa. Gigi dorme, lo guardo col faccino che spunta dalla mummia. Gli è cresciuta la barba, ma ne ha poca e solo il mento e parte delle guance ne sono ricoperti, però lui ci tiene ugualmente al suo pelo. C'è un tavolaccio al centro della stanza su cui sono giornali e lattine di Stella Artois e mutande. Sento dei rumori, mi volto, intuisco la sagoma di Ibrahim che s'alza ed esce a fatica dal suo giaciglio. Mi rannicchio dentro stringendo gli occhi. "Tu dors?" chiede. Ho un brivido e non rispondo, son già morto. Mi scuote. "Aide-moi, s'il-te-plaît." Bestemmio. "Qu'est-ce-que il y a?" Vuole che lo aiuti a spostare il tavolo contro il muro. Mi alzo, infilo gli slip, sento il freddo della cave sotto ai piedi. Sistemiamo infine il suo sacco a pelo sul tavolo. Si corica, è contento di dormire piú in alto di tutti, l'egiziano. "Bonne nuit mon ami" dice poi tutto felice. Bonne nuit Ibrahim, bonne nuit.

Il lavoro termina nel volgere di quattro settimane. Abbiamo rimesso a nuovo tre stanzoni, un paio di uffici e tante piccolissime cellette per le visite del medico, ognuna con il vestibolo che da in un altro stanzino d'attesa e finalmente nell'ambulatorio ed è stato veramente faticoso verniciare dentro quei labirinti con la pittura bianca che colava dal soffitto sulle nostre teste e appiccicava i capelli e il viso e le braccia nude e dopo nella lavanderia nemmeno la doccia, sedevamo in fila negli scompartimenti dei grandi lavandini di cemento come in una tinozza e a turno giú secchi d'acqua gelata uno in faccia all'altro, tutto un guerreggiare di spruzzi e shampoo e grida poliglotte nel cantinone lavatoio. Per la prima volta Mme Lévy-Glady, sua maestà la direttrice, si fa viva con un paio di assistenti. Viene a visionare il lavoro ma non si complimenta. Dice che per i soldi che ci ha dato non è affatto un buon lavoro e questo lo riferirà agli I.B.O. che le han mandato gente straccia e fannullona, come per esempio les italiens. Gigi le grida vaffanculo ma lei naturalmente non afferra. Poi dice che abbiamo tre giorni di tempo per lasciare la sua clinica di beneficenza, ma non di piú, in fondo è già fin troppo buona che ci lascia soggiornare per il fine settimana e poter cosí visitare i pizzi delle beghine, giú ai musei che ancora non si è potuto farlo per l'orario di lavoro e non si possono mica mandare a casa i turisti senza che abbiano apprezzato le meraviglie di Bruxelles. I primi che se ne partono sono gli svizzeri che andranno a Parigi e cosí per la sera combiniamo un gran ristoro d'addio, noi cuoceremo gli spaghetti, Ibrahim preparerà il cous-cous e les suisses il pirrenmüessli, come dessert. Jeff invece dice che il massimo che può fare è invitare gente e cosí la sera, nella sala mensa siamo in tanti, davvero troppi e gli svizzeri hanno preparato un pentolone pieno di yogurt e frutta fresca e Ibrahim il cous-cous sbagliando però le dosi cosí che ne ricava solo tre piatti di quella poltiglia giallina e gli italiani invece a darsi da fare intorno alle pentole d'acqua bollente e al sugo rosso sangue che fa senso vederlo far le bolle sul fuoco. Quando viene il momento di scolare la pasta ci sono tutti addosso che hanno il languorino di stomaco per quel bloody-mary che bolle in pentola e noi a dire andate via che c'intrigate e sedetevi un po', mica c'è niente da vedere, nessun trucco, nessun miracolo, e dopo riusciamo finalmente a smammarli però succede che mentre io verso il pentolone nello scolapasta, in piedi su uno sgabello per fare centro, Gigi si scotta col vapore e caccia un urlo e molla tutto nel lavandino, due chili di spaghetti in giro nello sporco. Io prendo a ridere a vedere il Gigi tutto lessato e con gli occhiali appannati che resta lí fermo impalato a vedere i vermicelli che scappano per il buco del lavandino e allora mi piego a metà tutto ingolfato dai singulti che non riesco nemmeno piú a respirare e lui sbotta in una madonna e subito dopo sibila "datti da fare impiastro!" Intanto gli altri si voltano per vedere che cazzo combiniamo in mezzo a quel vapore e quelle grida, ma Gigi sorride da gran dama e dice, un attimo cari e siamo pronti e loro tornano a chiacchierare mentre noi, di spalle, ce la facciamo sotto dal ridere, però bisogna uscire dall'impasse al piú presto, mica possiamo menarla per molto questa storia, la pasta scuocerebbe e gli spaghetti diverrebbero lumaconi freddi e insipidi e loro se ne accorgerebbero e allora tutto a puttane, i soliti italiani pasticcioni. Cosí Gigi ha un lampo e sluma verso la dispensa, vede uno straccio di quelli per asciugare le stoviglie, l'afferra, si benda la mano e via, dentro al lavandino a raccattare gli spaghetti scivolosi e bollenti e metterli nella pentola, e sibila di far cosí anch'io e farlo presto prima che se ne vadano tutti giú nel gorgo del sifone, e smuoviti che nessuno se ne accorgerà, ma io sono sempre piegato in due che me la rido a vederlo tutto bestemmiante che dà manate agli spaghetti e ogni tanto si volta pure come niente fosse e sgrana un sorriso paraculo verso i commensali cioè come dire tutto fila liscio, state buoni e vedrete che bontà, slurp slurp. Dopo, quando si sono recuperati spaghetti a sufficienza io verso il sanguinaccio sempre fra i singulti trattenuti che non gliela faccio piú a continuare la commedia del grand-chef e allora mi ricordo d'un colpo che non ho messo il sale nell'acqua di cottura, accidenti a me, e sbianco, tanta fatica per niente. Però lo dico subito al Gigi piagnucolando, il sale il sale, cazzo l'ho scordato Gigi, e lui s'incazza e sbuffa e prende il barattolo del sale e lo sparge sulla pasta con gesti ampi a mo' di croce e ci fa sopra scongiuri e benedizioni alzando gli occhi verso la cappa nera della cuisine, e io sbotto a ridere matto d'un Gigi che non sei altro, ma ormai è fatta, portiamo la zuppiera in tavola e quando è ora di dividere le porzioni diciamo che non abbiamo piú fame e che in fondo è tutta una questione di gentilezza che usiamo loro perché lo sappiamo fin troppo bene, noi, che di queste squisitezze non hanno mica l'occasione di vedersele in tavola ogni giorno, fortuna nostra, e cosí gli spaghetti furoreggiano nei piatti e loro si complimentano e ci stringono la mano e sorridono leccandosi i baffi, dopo però scappiamo in una pasticceria che abbiamo i crampi allo stomaco per la fame, le risate e l'occhiolino complice che ci stringevamo mentre gli altri sforchettavano nei loro piatti.

Il giorno dopo gli svizzeri se ne partono e ci lasciano sulla porta della nostra clinica di beneficenza che serve soprattutto gli immigrati di questo quartiere che son tutti marocchini e spagnoli e tante volte abbiamo visto le donne vestite di marrone dalla testa ai piedi con su il panzone che facevano ginnastica pre-maman mentre noi le spiavamo dalle impalcature della nostra Sistina. A Les Marolles sono tutti fuoriusciti, di ogni razza. Abitano questo vecchio e bellissimo quartiere, però malsano e trasandato. Di italiani non ce ne sono, quei pochi rimasti in Belgio stanno ancora alle mines, gli altri sono ormai tornati. Però tutti qui hanno il ricordo della nostra razza e quando giriamo Rue Blaes per la spesa ci riconoscono e ci fanno festa, anche i musulmani ai quali tante volte abbiamo fatto la gaffe di chiedere del prosciutto e quelli "Rien viande de porc! Rien!" ma poi, capita la buonafede, han fatto i gentili e i simpatici. E questa storia dei musulmani ha avuto anche dei risvolti nella nostra convivenza in Rue des Tanneurs perché la sera che era di turno in cucina Jeff aveva preparato un potage Campbell's senza tanto badare a quello che c'era nella scatola e Ibrahim dopo qualche cucchiaiata comincia a farsi serio e stropicciare il naso e grattarsi il mento pensieroso e lisciarsi il baffo perplesso e chiedere infine che cosa c'è nel piatto e noi "verdure, son verdure Ibrahim" ma lui sembra proprio che avverta in gola un brutto, davvero brutto sapore e allora corre nel cestino dei rifiuti, recupera la scatoletta e legge gli ingredienti, poi arriva incazzatissimo dove sediamo a mangiare e urla che l'abbiamo fatto apposta qui c'è della carne impura e via di seguito, tanto che noi subito ci spaventiamo ma poi ci gettiamo a ridere perché Ibrahim si mette col capo a terra a far scongiuri e belare non si capisce bene che cazzo di Allah e poi s'infila alla bruttodio un dito in gola per vomitare quel pezzetto di wurstel che c'era nel piatto... Ma soprattutto gli spagnoli sono bellagente e ci trattano come fossimo americani sbarcati in centrafrica, tutti premurosi e gioviali. Conosciamo Gonzales che ha una drogheria e noi gli abbiamo esaurito la scorta di spaghetti. Ci presenta il figlio di sedicianni che verrà poi con noi qualche sera al Jeu-de-Balle a bere la Trapiste. Gonzales ci racconta ogni volta degli Italiani che ha conosciuto, "Ah, les italiens!" dice aprendo il suo sorriso baffuto e grasso eppoi estrae dal bancone una chitarra e intona funiculí-funiculà cha-cha-cha e io rido e applaudo e la moglie esce dal retrobottega e ci offre un sorso di vino spagnolo con la piccola Esterella di cinque anni stretta al sottanone e noi stiamo bene a sentirci italiani e ne siamo anche fieri e orgogliosi che capiamo che questi legami qui sono nati tra la gente che lavora mica trattati a tavolino da diplomatici o ministri del cazzo, che di loro ci vergognamo sí, altroché.

Gonzales lavorava nei pressi di Liegi, quindici anni prima, alle miniere. Coi soldi messi da parte ha aperto la drogheria, suo figlio Miguel studia da meccanico e non vuole lasciare la Belgique e lui allora finge di strattonarlo dietro al banco e gli dice in spagnolo che ancora non ha visto il sole né il mare di Spagna e non sa nemmeno cos'è la luce di Siviglia perché se li avesse visti non parlerebbe cosí. Ma poi sorride e beve un goccetto di vino e gli luccicano gli occhioni neri, ma tanto neri come il carbòn. Se ne parte poi anche Jeff, torna a casa sua, vicino Gand. Gigi Ibrahim ed io decidiamo di passare sull'Amstel. L'egiziano ha degli amici ad Haarlem, ci ospiteranno, si fumerà roba buona. L'ultima notte in Rue des Tanneurs la passiamo insonni. Sul Boulevard d'Anspach, nei pressi di Place de la Bourse, abbiamo rimorchiato in una discoteca due ragazze, Christine e Nicole. Christine è con me e da quando ci siamo slumati è praticamente un continuo passarcela in bocca, per strada, al caffè, sul trammetrò. L'altra sta col Gigi, è bruttina ma ha due grosse tette e i capelli lisci e lunghissimi. Nella cave ci strapazziamo, Ibrahim lo abbiamo tenuto fuori dal gioco, è già brutto esser doppiati, come in un pessimo film dal sincrono sballato, da un'altra coppia. "Non, non Ibrahim, je t'en prie. Attend au cafè." Per me è la prima volta che scopo fino in fondo con una ragazza ma sono fatto dall'alcool e la storia mi prende bene. Gigi ne fa tre e continua a limonare anche quando Christine ed io ci siamo rivestiti ed usciamo verso il caffè, Ibrahim starà bestemmiando perché è tardissimo. Infatti lo troviamo al centro della piazza che gioca con delle lattine di birra. Mi vede mentre sta per scalciare attraverso una porta che si è fatto con cassette e cartoni e mi corre incontro ci abbracciamo gli dico ridendo "Joking apart, when you're drunk you are terrific, when you're drunk" eppoi prendo la chitarra e gli canto tutt'intero il pezzo di Robert Wyatt, che è Sea Song e allora mi faceva letteralmente impazzire, a diciottanni. Ubriaco fradicio Ibrahim mi sta ad ascoltare mentre Christine ci saluta, affonda le mani in tasca dei blue-jeans e scompare verso le scalinate che portano su al Palais de Justice illuminato dal chiarore del mattino. Verso le cinque ci sorprende un'automobile della Police, siamo accartocciati sui gradini della piccola chiesa del Jeu-de-Balle che strimpelliamo tutte le nostre cose di amici in sbornia dura. Ci chiedono dove abitiamo, diciamo che siamo ospiti, non facciamo nessun cenno al lavoro, infine ci restituiscono i documenti e se ne vanno. Torniamo a letto. Gigi e Nicole dormono, lei s'è infilata nel mio sacco a pelo. La scuoto, le dico di tornarsene a casa che io non so come fare a dormire e lei risponde che non c'ha casa e di lasciarla in pace che ha sonno. Guardo Gigi che almeno mi aiuti lui, però mi accorgo che non dorme, è immobile con gli occhi spalancati verso il soffitto, che avrà di tanto interessante? Lo strattono, ma non risponde, gli sfugge soltanto un sorriso antipatico. Gigi comincia cosí coi buchi, ad Amsterdam non si farà altro, ma la roba è buona e quando torniamo in Italia non si è piú suonati di tanto. Con Ibrahim ci lasciamo ad Haarlem dove si abitava per quello scorcio di settembre. Insieme si è sniffato parecchio, io non mi fido a bucarmi, un giorno lo farò ma non mi piacerà troppo vedere il mio sangue salire come una fumata in siringa e poi tornarsene in vena, ma a quel punto della mia avventura non mi fregherà piú nulla.

Amsterdam è sporca e puzza. Sui canali c'è tutta la sozzeria umana che riesco a immaginare. Da Haarlem Gigi ed io decidiamo di passarvi per conto nostro un po' di giorni, dormiremo al Vondel Park; altrimenti, se farà brutto tempo, in uno sleeping qualsiasi. Per prima cosa ci siamo seduti in Dam Plaze, non facciamo in tempo a posare il culo che subito ci si avvicina un nero e prende a biascicare la sua litania "Hasch, hasch, el-es-di, hasch, hasch". Scuotiamo la testa, non ci son soldi. Chiedo di accendere una sigaretta rollata col Samson a una ragazza che siede accanto, lei mi passa la pipa con la marja, la conosciamo, è francese, di Rennes. Un uomo sui trenta si avvicina e guardandomi fa camman girando appena la testa. La scuoto anch'io imbarazzato in un no. Gigi ridacchia dicendomi del finocchio. Allora mi alzo, raggiungo alle spalle l'uomo, lo sfioro sul braccio "Yeah, but where to?" e lui sorride e mezz'ora dopo entro al Thermos I in Raamstraat che è una sauna affollata come una piazza nel giorno di mercato. Lui paga l'ingresso anche per me, ci spogliamo, mi fa un pompino e mi regala qualche fiorino chiedendo se mi potrà rivedere. Io scuoto le spalle. Gigi lo trovo sempre sui gradini della fontana del Dam che limona con la ragazza di Rennes. "Hai fatto la marchetta?" dice. Dico di sí e che ora tengo finalmente i soldi per un pasto decente perché del Wimpy e dei suoi Hamburger pommes-frites non ne posso piú.

Al Vondel fa freddo, ma c'è un gruppazzo scannato di italiani in circolo che cantano, suonano e fumano un joint dietro l'altro grandi come cannoni e rollati con dieci cartine, minimo. Accendono un piccolo falò, ci mettiamo col sacco a pelo lí vicino. Gigi e la ragazza fanno un buco e bevono birra da una maxi lattina. Mario ha venticinque anni, è bello. D'improvviso penso che andarci a far l'amore sarebbe bello, molto bello baciargli la barba. Mi rannicchio al suo fianco, quando mi passa la marja mi struscio al suo braccio e gli bacio le dita. Lo alza raccogliendomi, ci passiamo il fumo in bocca, ci baciamo, entro nel suo sacco a pelo che abbiamo aperto un poco lontano, facciamo all'amore ma è soprattutto un odore, il suo, il mio, quello un po' rancido di naftalina del panno trapuntato. Il falò brilla intermittente nelle ultime scintille di fuoco, la cenere tutt'intorno si smorza al chiarore della prima luce che filtra dagli alberi. Come tante lumachette gli altri dormono nei loro panni, a due, a tre, soli, raggruppati, in fila. Mario non vuole che me ne vada quando tento di portarmi fuori per tornare nel mio sacco a dormire. Cosí ci baciamo eppoi ci alziamo e ci teniamo la mano e passeggiamo sull'erba fredda e rugiadosa fin verso il lago. Ci sediamo sul pontile del chiosco, un'esile pagoda ricamata nella luce sognata del mattino, ci abbracciamo e parliamo sottovoce come dopo bevuti per non perderci lo starnazzare delle anatre e dei cigni che lenti si muovono dal canale. Di lí a poco aprono il cottage, beviamo il caffè e nella toilette ci laviamo. Mario dice che tornerà presto in Italia e che se voglio posso tornare in autostop con lui, gli dico che ho il B.I.G.E. che vale fino ad ottobre e che sarebbe per me sciocco rinunciare a un viaggio già pagato. Lui scuote la testa e dice fai come credi. Poi si ficca le mani in tasca e un'erbetta in bocca e scalcia i fiori lungo il lago che sembra dire non mi frega un cazzo, però ci sto male. Dopo succede che io lo raggiungo e quando gli sono proprio al fianco gli dò una spallata ridendo e dico mavalà e lui perde l'equilibrio che sta cadendo nel lago e tende la mano e io l'afferro e continuo a dire non ci credo che fai l'incazzato per una scemenza del genere e anche lui non ci crede perché ridacchia e mi morde un dito e poi io scappo e lui dietro di corsa ma non mi prende mica, perché ci ho due gambe che quando le meno vado proprio forte e facciamo cosí gli stupidini finché non mi stanco e ci ho il fiatone e mi butto sotto a un albero. Mario mi raggiunge con un tuffo che si fa anche male alle costole povero Mariolino, a gettarsi in quel modo, però siamo vicini e ci stringiamo per i capelli e lui mi scuote la testa e dice che gli sembra di stare in un film di Lelouch tanto si sente rosa, di dentro. Chiacchieriamo e a me piace starmelo a sentire con quella sua bella parlata fiorentina e quel suo modo di gesticolare nemmeno fosse un ragazzo di Napoli. Poi mi suggerisce una cosa per il ritorno e io mugugnerò un poco, poi dirò sí e anche Gigi lo dirà. Infatti non è stato difficile. Abbiamo trovato quasi subito a chi vendere i biglietti di ritorno. Gigi sputtana immediatamente le centocarte che abbiamo raccolto e ci compra dieci quartini. Io mi incazzo quando lo vedo tornare senza soldi e Mario s'incazza pure lui, dicendo che di noi non ci si può fidare e che è cosa da grulli esser cosí scasinati perché ci fregheranno sempre. Allora prendo le bustine che Gigi ha avuto il pudore di far rimanere al di fuori del suo braccio e torno al Dam. Contatto solo gli italiani, dà piú fiducia ad entrambi. Riesco a piazzare cinque dosi a quindici carte l'una a dei ragazzi calabresi appena arrivati e contenti del prezzo che qui, per quanto caro, è sempre enormemente inferiore che da noi. Una la divido con del bicarbonato e ne faccio tre che mi spariscono dalle mani appena propongo il prezzo di un deca. Le tre restanti le tengo come fondocassa. Telefoniamo ad Haarlem per dire che non torneremo e che si partirà l'indomani da Amsterdam. Cosí la sera ci vediamo al Rokin con Ibrahim che è venuto per dirci addio ed è una sera un po' piagnona perché sembra che non ci si debba mai piú rivedere, campassimo pure centanni, gli indirizzi si perderanno fra i cassetti e gli inchiostri svaporeranno e le voci si scorderanno e tutto il resto si scioglierà piano piano, per cui sappiamo che sono gli ultimi momenti, però chissà. Cosí giriamo per Amsterdam tutti ubriachi e fumati e Ibrahim mi tiene un braccio e dall'altro c'è il Mario che cosí sembriamo la pariglia del can-can. Poi viene l'ora che c'è l'ultimo treno per tornare e Ibrahim deve portarsi alla stazione anche se fatica a distaccarsi perché sono stati tempi belli. Allora in stazione succede che me mi tiene per ultimo all'abbraccio e quando ci salutiamo mi da un bacio in bocca e dice se lo so che m'amava e allora io dico che lo sapevo vecchio mio Ibrahim, certo che lo sapevo. Poi il treno gialloazzurro parte e noi ce ne andiamo con Gigi che dice che sono proprio un finocchio nato e sputato e io gli dico di sí, che la mia voglia di stare con la gente è davvero voglia e che non ci posso fare un cazzo se mi tira con tutti. Mario assiste divertito scuotendo la testa ricciolona. Dopo, salutata la donna di Rennes, partiamo anche noi.

Col Gigi ci lasciamo a Francoforte, poco piú avanti dell'aereoporto, dopo un litigio furioso, in mezzo all'autostrada tre pazzi italiani gesticolanti e bestemmianti al cielo del Nord. Gigi che scavalcava lo spartitraffico e si mette nella direzione inversa e urla che ne ha piene le palle di questo ritorno bislacco con due finocchi che non fanno altro che metterselo nel didietro e lui davvero non ne può piú e non è assolutamente possibile che ci siano ancora dopo quattro giorni che siam partiti quelle tre dosi, che cazzo si tengono lí, mica faranno dei figli o si moltiplicheranno. E allora io torno con voi a patto che mi ridiate le dosi, ma noi siamo inflessibili, soprattutto Mario, e Gigi lo lasciamo su un BMW che risale al Nord, saprà cavarsela, ma è da sconsiderati bruciare le uniche nostre risorse tutte d'un colpo. Non ci carica nessuno, ormai è un'ora che attendiamo appoggiati al guard-rail e ai nostri zaini Invicta, Gigi sarà ormai lontano un centinaio di chilometri, poco piú poco meno... Finalmente una Benz attacca i fanalini rossi dello stop, un attimo dopo averci sorpassati; raccogliamo la nostra roba e corriamo e Mario ride, io chiedo perché e lui dice stringendo gli occhi che mi piaceva da morire a quell'età i ragazzi che per ridere stringevano gli occhi, e lui dice allora "Aspetta e vedrai". E quando raggiungiamo la Benz vedo, e mi metto a ridere anch'io perché davanti, seduto come un pascià, c'è il Gigi che non ci guarda nemmeno e dice spezzante "Forza finocchi che andiamo" eppoi al guidatore "Battista..." e quello non capisce ma se la ride con questi matti di italiani e cosí si riparte e quando ci scarica, verso Monaco, ci facciamo i tre quartini rimasti, uno per uno e vaffanculo.

Agosto è bello starsene a casa con la città vuota nessun rompiballe in giro, magari arrivi che senti la tua solitudine farsi pesante ma è un gioco diverso ed esser soli fa molto piú male in mezzo alla gente, allora sí che è doloroso e pungono le ossa e il respiro è davvero brutto, come vivere un trip scannato e troppo lungo. Ma agosto è bello starsene soli in città, prendere l'auto e girare fino a mattino spingendosi pieni di alcool verso la montagna che tutto è uno scenario disteso e silenzioso e passi col rombo dell'auto come al cinema, uscendo dal quadro un attimo dopo esservi entrato e non si rovina nulla. La via Emilia è la dorsale di questo mio agosto inquieto e torpido, selvatico e morbido. Stasera mi sono messo in macchina lasciando il Gigi a sonnecchiare, menomale che la faccenda di Bombay è morta lí. Ora non voglio muovermi, soltanto scorrazzare la notte in questa prateria. E la scommessa è venuta da sé. I bar tra Reggio e Parma, ventuno? No, trentatré.

Quando torniamo in Italia ci iscriviamo Gigi ed io all'università, a Bologna. Affittiamo una stanza con uso cucina da una signora anziana che occupa un'altra camera sul lato opposto dell'appartamento, fuori porta Saragozza. Lo stabile è dello Iacipí e la nonna, a rigore, non potrebbe subaffittare visto che la casa l'ha gratis, cosí siamo costretti a contrabbandarci per nipotini suoi con tutti gli inquilini e con l'ispettore del comune. Sullo stesso pianerottolo sta un vecchietto e anche lui ha studenti, il greco Grigorys che fa ingegneria ed è un fuoriuscito che a quei tempi là c'erano ancora i colonnelli. Con Grigorys ci si trova qualche sera che nevica a tirare una briscola, i vecchietti contro noi due, ma se la vincono sempre loro perché il greco è proprio negato a giocare alle carte eppoi c'è il fatto che non vuole imparare tutti quei segni di bocca e strizze di naso e slumate d'occhi per indicare re cavallo regina e fante e non si può mica comunicare senza i segni, cosa che sanno invece benissimo gli avversari che guardarli giocare sembra di stare al cabaret. Cosí perdiamo una partita sull'altra ma son sconfitte queste che non lasciano traccia, nemmeno nel portafoglio perché i vecchietti giocano cinquanta lire ogni tre punti e cosí, se va proprio male, al massimo lasciamo sul tavolo l'equivalente del biglietto dell'autobus. Quando poi i colonnelli vacillano e cascan nella polvere altri patrioti vengono da Grigorys e per molte notti c'è festa grande con tutti gli abitanti dello stabile e si ride e si balla con tutti i fuoriusciti al quintopiano dello Iacipí.

Noi però resistiamo novembre e dicembre e un po' di gennaio, poi subaffittiamo a due pesaresi per cinquanta carte come tangente. L'affitto è di venticinque mila mensili, più una quota per il riscaldamento e il gas. La nonna è contenta dei pesaresi perché sono ordinati e tengono i capelli corti e non fanno chiasso tutti i santi giorni come invece facevamo noi che allora imparavamo a suonare la chitarra e il flautodolce e si riusciva benemale a fare tutto Viva Chile degli Inti Illimani. Si trova poi casa, una bella casa, dietro Piazza Maggiore dal gennaio. La lasciano tre ragazze che son passate a psicologia a Padova non resistendo all'ambiente di lettere. Non han voluto tangenti, Gigi ridacchiava dicendo che erano proprio sceme. Il nuovo appartamento è di tre stanze piú un salottino e i servizi, cosí cerchiamo un terzo per dividere le spese visto che la casa sopporterebbe benissimo anche quattro persone, ma tre son sufficienti ad andare avanti ed abbassare di ventimila l'affitto, insomma trentacinque a testa. Naturalmente col nuovo, Luca, è cominciata una storia e Gigi stanco di aver sempre a che fare coi finocchi, ha preso una ragazza e l'ha portata in casa e in quattro l'atmosfera è ancora vivibile però era senz'altro meglio prima, perché la Tony si porta continuamente appresso due stronze che fan magistero e non capiscono letteralmente un cazzo e insomma a marzo è scoppiato con me il grancasino "Tu sei misogino, odi le donne perché le temi", "c'hai l'invidia del pene" fino al fatidico "Sei fermo alla fase anale, bella mia" e allora io non ci ho visto piú; ho afferrato il volume piú pesante del Testut di Luca che fa medicina e gliel'ho sbattuto in testa alla Tony che s'è messa a sanguinare e Gigi ha mollato il cazzotto e sono svenuto. Siamo ritornati in due, Luca s'è disamorato e m'ha lasciato, la Tony è scomparsa, l'affitto è risalito paurosamente a piú di cinquanta carte a testa, nel settantacinque non sono pochi soldi, rimaniamo in arretrato, il primo mese non succede nulla, il secondo ce la sbrighiamo con un paio di telefonate io che faccio la cieca di sorrento e Gigi la muta di portici, a giugno ci cacciano i carabinieri proprio quando dobbiamo sostenere gli esami per mantenere quei minimi soldi che da casa ci passano.

Gigi ha ripreso a bucarsi e spesse volte lo seguo anch'io. Finisco alla Montagnola che in quel periodo stan rimettendo a nuovo e non c'è tanto giro. Non fatico ad andare a battere, l'unico ostacolo è che son schifiltoso e al massimo ne rimorchio uno perché poi mi viene a piacere troppo e dimentico di chiedere i soldi, e comunque, alla Montagnola, sotto un bel lampione scrostato nasce l'amore con Sammy che è studente alla Johns Hopkins, dove pare insegni in quegli anni anche Francesco Guccini. Sammy è di Boston, è bello, cammina tutto all'americana che è uno schianto e a me mi piace da morire sentirlo raccontare degli States e anche giocarci a basket, quando capita, con i compagni del suo corso che son tutti bravi, soprattutto il nero Christopher che è un grande champion e come fa le entrate lui nessuno è capace. Christopher m'insegna i trucchetti del giocatore nei dopopartita quando gli altri si ritirano per la doccia e noi invece si resta lí a provare le entrate e le sospensioni e tutte quante le diavolerie che lui purosangue ha imparato in strada e gli piace vedere che faccio progressi, anche a suonare sulla chitarra i blues mentre lui miagola e ulula e si stropiccia l'ugola, du-dudu, du-dudu yeahhhhhhh!!! Poi Christopher se ne va via che ha terminato il semestre ed è meglio cosí perché altrimenti me ne sarei innamorato cotto e lui non c'ha soldi e si sarebbe fatta la fame, bohème sempre bohème che due maroni. Sammy invece è ricco, ha sempre il conto in banca piú che spalancato, suo padre è avvocato e ha fatto pure la guerra in Sicilia e ama davvero l'Italia cosí come Sammy che ogni tanto sale ai vialetti della Montagnola a raccattare qualche briciola sparsa di eros mediterraneo. Io me lo faccio volentieri, lui c'ha il vizietto di andare anche con le donne e questo lo fa piú interessante, poi trova da lavorare a Gigi all'interno della Johns Hopkins come servo di cucina, a me mi mantiene con qualche deca che gli piace infilarmi fra le chiappe prima di chiudere la porta. Andiamo ad abitare dalle parti del Palazzetto dello Sport e cominciamo a frequentare le osterie bolognesi. Gigi si mette poi con Anna che è molto bella, addirittura uno schianto, ma anche Gigi è molto bello, ogni anno che passa diventa sempre piú bello. Poi Anna tenta di convincerlo a lasciare quel lavoro da sguattero cosí malpagato e tenta di ammaestrare anche me, vuole che lascio il mio Sammy perché uomo della CIA. Ma io le dico che non è possibile che la CIA viene a spiare proprio noi e lei risponde che la vedrò, ma fidarsi degli imperialisti, stop. Gigi alla fine cede e lascia i piatti della Johns Hopkins anche perché ora gli piace osservare quello che fa Giuliano Scabia all'Università e nei quartieri e pure le cose di Gianni Celati sul romanzo della frontiera, Natty Bumpoo e Davy Crockett, e per questo ha bisogno di giorni liberi da mattino a sera. Insomma ad agosto ci troviamo ancora senza una lira col rischio di esser sbattuti fuoricasa che piú che una casa è una topaia e quando piove gocciola il soffitto ed è sempre umidiccio, ma meglio che dormire nelle nicchiette dei portici di via Zamboni come fanno molti altri senzatetto. Tante volte Anna dorme con noi nello stanzone e mi piace sentirli fare all'amore e succede che poi si chiacchieri fino al mattino, loro due nudi che sembrano angeli e io che getto loro addosso qualcosa perché anche se è agosto e fa un caldo infame, diciamo sui trentagradi, nel nostro sottotetto ci sono correnti che cosí possono anche divenire pericolose, ti becchi poniamo un torcicollo e per dieci giorni sei bellefatto. Ma loro non vogliono preoccuparsi e se ne fregano e gettano gli straccetti topati e restano nudi e belli e al Gigi gli pende il coso davanti e ad Anna le cose rotonde e tremolanti e camminano per lo stanzone in cerca di vino finché il Gigi non si ficca una spina nel piede, bestemmia e torna a letto con l'Anna che cerca di toglierla e gli regge in alto la gamba che dalla mia posizione sembra lo debba perfino inculare, cosí d'un tratto. Sammy mi lascia, semplicemente. Non viene ad un appuntamento e capisco tutto. Cosí corro alla Johns Hopkins e mi dicono che è tornato a Boston e che non tornerà fino a novembre e io bestemmio e mi vengono i lacrimoni perché Sammy era pur sempre un amore e un amico e uno che mi passava i soldi e porcodio ora non abbiamo una lira e Gigi s'è preso l'infezione al piede e l'Anna s'è trasferita da noi, alla topaia di via Massarenti, e gli passa la penicillina e gli antibiotici e lo cura e lo fascia e Gigi lo sorprendo una sera che quasi piange fra le sue braccia e dice che non gliela fa piú e vuole morire e allora io mi alzo e lo raggiungo e lo strattono violento e poi gli urlo, no! Tu non mi lasci in questo merdaio da solo, ok? e allora taciamo, poi piano piano io sorrido e anche l'Anna e anche il Gigi che s'asciuga il viso e ora ridiamo forte, sempre piú forte e Gigi di lí a poco guarisce, è settembre, tornano i bolognesi, il clima è migliore, insomma riusciamo, un poco, a star bene.

Molto spesso cuciniamo in casa, soprattutto uova. Uova bollite, strapazzate, incamiciate, fritte, sott'olio, sotto spirito, in salamoia, in naftalina, affumicate, alla piastra, in frittata, in omelette, a fette, a dadi, a taglioline, all'occhio di bue, alla coque, brinate, gelate, bollenti, alla crema, gratinate, affogate e ripiene. Quando va bene mangiamo degli hamburger findus che vengono a costare qualche centinaio di lire mica di piú; molto spesso si va a verdura (alla mensa quasi mai perché non piace il casino) ma quelle costano e Gigi non s'adatta a mangiare quelle congelate così capita di rinunciare a una fetta di castrato per un paio di carote, ma ora che Anna abita con noi si mangia da ricchi, tutte le granaglie integrali e biologiche e macrobiotiche, mastica-mastica e non ti riempi mai lo stomaco. In osteria ci sono i panini e della buona birra e del vino in caraffa che si manda giú bene e in osteria, in via San Felice, incontriamo una sera Max che non sa dove andare a dormire perché l'ostello è fuori Bologna e non ci sono piú autobus, ma anche se trovasse una bicicletta o un passaggio quello ha già chiuso da un pezzo come se tutti fossero dei polli che vanno a letto alle ventidue. Cosí viene su da noi in topaia a dormire e ci prende anche gusto e resta dieci giorni, tanto che noi gli chiediamo almeno di contribuire alle spese ordinarie visto che ha messo casa senza che nessuno gli dicesse nulla e che per giunta porta anche delle coquettes come si trattasse di un puttanaio. Max finge di incazzarsi, ma capisce che il convento è in malora e sborsa un deca che nasconde spiegazzato nelle mutande e a me mi fa schifo prendere in mano quel foglio lercio ma poi penso che il denaro è merda e la merda non fa male a nessuno e allora chi se ne frega se questo qui puzza di cacca e di piscio, lo prendo, lo apro, lo distendo corro fuori e ci compro alla Feltrinelli di Piazza Ravegnana qualche libro, poi torno a casa e la sera ci leggiamo tutti insieme un po' di Céline, un po' di Rabelais e un po' di Daniel Defoe.

Max sparisce senza dir nulla la notte stessa. Pensiamo abbia trovato altri allocchi che lo sfamano gratis e la sua perdita non ci è pesante. Piuttosto pesa il fatto che Anna è incinta e non vuole abortire perché si sente dentro qualcosa di suo e per due o tre sere non si parla d'altro che di uteri e vagine e spermini e raschiamenti e consultori e radicali e bambinetti che nasceranno quando noi saremo a dar gli esami di giugno, il prossimo anno. Però il pensiero che dentro la pancia dell'Anna cresce come un fiore un bambinetto alla fine commuove anche Gigi, ma giochiamo alla sacra famiglia per non piú di due giorni. E anche Anna capisce che è davvero impossibile che nella sua pancia ci sta un pargolino, perché sarebbe davvero un disastrato alluvionato a scegliere di venire al mondo nel trojajo di Via Massarenti. Dice invece che era solo un ritardo, che le analisi col Predictor erano sballate e non doveva fidarsi in quel modo al gioco di mamma-non mamma, che ora lei è sana come una lupa, che sta bene e che era del tutto impossibile che si fossero sbagliati con le pilloline e i patentex. Gigi sembra sollevato e dice che l'emozione di essere padre per quei giorni non lo faceva dormire e anch'io dico qualcosa e vedo l'Anna che prima comincia a sbiancare e poi si fa rossa e ancora bianca che sembra candeggiata, e suda, suda e trema. Le chiediamo che c'è e lei si stringe la pancia e si mette le mani a pugno in mezzo alle cosce e grida con quanta voce ha in gola e poi le solleva che sono piene di sangue e di schiuma e noi ci guardiamo e Gigi corre immediatamente in strada, si scaraventa dalla topaia, e per fortuna lí vicino c'è il pronto soccorso del quartiere. Arriva e urla "Perdio venite con me che la mia Anna sta male" e in un paio lo seguono e vengono su in casa, mi gettano da parte buttano l'Anna su un lettino e la portano via. In strada rimaniamo fissi con gli occhi che seguono la luce azzurrina perdersi nel traffico. Gigi mi abbraccia, piange e dice, mentre risaliamo a fatica le scale, che era tutto vero, non si era mica sbagliato, per due mesi è stato un ragazzo padre e ora la povera Anna chissà come starà. Ma l'Anna si rimette in quattro giorni, torna alla topaia di via Massarenti e ci abbracciamo; è dimagrita ma è ancora bella e col Gigi si chiavano subito, lei arriva con le tette fuori e Gigi è già nudo da quando l'ha vista dall'abbaino incedere sotto ai portici con tutto il suo coraggio in viso e la sportina del supermercato ciondolante fra le mani.

Rimaniamo insieme ancora un po', Bologna diventa sempre piú fredda e gelida, è inverno, conosco Danilo ed è come aver inghiottito il fuoco. Mi piace, mi piace, mi piace. Andiamo a vivere insieme, lasciamo la topaia con le sue finestrelle e gli abbaini aperti sul portico e il pavimento di legno sconquassato e il cesso fuori, sul ballatoio. Anche Gigi ed Anna vanno via e partono per Roma. Gigi ha smesso di bucarsi da un pezzo anche perché non c'erano soldi e l'amore dell'Anna lo ha tenuto un po' fuori eppoi si cresce, questo è innegabile, si cresce, perdio quanto siamo cambiati dall'estate di Amsterdam e non siamo piú dei bambini che si sentono offesi, vogliamo le nostre responsabilità, Gigi va a Roma con l'Anna a lavorare in quartiere alla Magliana con un gruppo di teatro che abbiamo conosciuto fra Strada Maggiore e Via Guerrazzi, un lavoro di quattrocinque mesi. Io con Dilo sto bene. Insomma alla stazione ci salutiamo ed è come salutassimo noi stessi partire e sparire dal treno della prima giovinezza.

Dilo ed io torniamo abbracciati anche sull'autobus, poi si libera un posto vicino all'uscita e Dilo si siede e io in piedi davanti gli reggo la mano e ci guardiamo fissi fissi che appena a casa faremo l'amore per tutta la notte tanta è la voglia e il bene, ma un vecchio s'avvicina e mi spinge col gomito che mi fa un male boia, perché prende il didietro del fegato che è ingrossato e inceppato e dice catarroso "Spurcacioun" e passa per uscire.

Dilo che ha sentito e mi vede piegato e tutto storto, s'incazza e riesce ad afferrarlo per il cappotto tenendolo metà su e metà giú dall'autobus con le porte automatiche che si aprono e si chiudono e l'autista urla al vecchio di togliersi dai piedi ma Dilo lo trattiene e gli dice del bastardo e alla fine lo calcia e lo butta giú, ma intanto uno sui trentacinque corre dal fondo dell'autobus verso di noi e grida di lasciare stare quel vecchio, brutti culi, e io m'azzuffo con questo qui e prendo un cazzotto alla bocca dello stomaco che non gliela faccio piú a respirare, ma poi vedo Dilo che salta dall'autobus e urla di venir giú e di far presto e allora salto in mezzo a un gruppetto di gente che non capisce bene quello che sta succedendo, ma quando vedono il vecchio che si lamenta allora ci guardano e in un paio ci inseguono gridando che siamo ladri e il vecchio scatarra che è vero e che lo abbiamo scippato e anche il guidatore dell'autobus scende per vedere il fatto, ma ormai siamo lontani, abbiamo svoltato per via Galliera eppoi girato in un androne, io ci ho un fiatone che quasi mi getto per terra e muoio lí sulla strada. Ma Dilo mi spinge, mi incita e mi chiama poverastella e suggerisce fattiforza e cosí prendiamo un'altra viuzza e sbuchiamo nel traffico incasinato del mezzogiorno, su via Marconi. Piango seduto sul muricciolo di Sant'Isaia che abbiamo faticosamente raggiunto; piango e struscio i piedi sull'erba e singhiozzo che non riesco a spiaccicare una parola. E Dilo mi prende la mano tra le sue e sussurra "Lo so che la vita da finocchi è difficile, ma non permetteremo a nessuno di torturarci, non lo permetteremo ok?" Dopo mi appiccica un bacio sulla fronte, ce la mette tutta, il caro mio Dilo dice scemate e fa il grandecapo e mi offre da bere uno Scotch e poi un altro che sembra dobbiamo festeggiare non capisco che cosa. Poi nella casa di Dilo distesi sul letto a sentire dei dischi, lasciare che la musica entri nella testa e la riposi, luce morbida... Like a bird on the wire, like a drunk in a midnight choir I have tried in my way to be free, like a worm on a hook, like a knight from old-fashioned... fingere che tutto sia passato, ma il silenzio imbarazzato del dopranzo dice tutto il peso che ho dentro, che mi prende il respiro e il cervello e non basta Tim Buckley, I am Young, I will live, I am strong I can give You the strange Seed of day Feel the change Know the way, Know the way... e non basta che le mie dita giochino fredde con quelle di Dilo.

...Non ho soldi per comperare dei buchi o una stecca di fumo, ci do dentro con l'alcool... Un giorno sto male. Tutto succede non appena accendo la prima sigaretta, al mattino. Durante la notte ho sofferto qualche strizza allo stomaco o giú di lí, ma non ci ho fatto caso, ci sono abituato, poi viene un dolore alla testa, fortissimo. Mi devo sedere e gettare la sigaretta. Il respiro è pesante e improvviso mi prende un pugno acidoso sotto le costole e mi sembra di sentire gorgogliare del veleno, il fegato brucia, un fuoco fitto al basso ventre e cosí mi piego portandomi le ginocchia sugli occhi e sento caldo che scotta scendermi in pancia e non capisco come, ma il retto si scarica come un sifone violento nel pigiama e sporco la poltrona e intanto i dolori aumentano e vedo le mie frattaglie e il sangue e urlo e sudo e il cuore strapazza irregolare, ho paura di morire, ho paura di venir trovato sudicio cadavere nella stanza e sento questo odore decomposto e disfatto e ne ho orrore. Dilo mi trova svenuto all'ospedale. Mi risveglio con l'infermiera che mi lava passandomi con una spugna e dice "Ieri ha bevuto troppo, e non solo ieri" e cosí resto a disintossicarmi, ma son giorni veramente brutti e i miei sogni troppo brulicanti di pulci d'acqua che si ingrandiscono nei lavandini fino a straripare e coprire il pavimento, ma soprattutto c'è l'assenza, questa maledetta assenza di Dilo e del suo corpo. Avercele delle braccia grandi tutta la città per poterti coprire e stringere ovunque tu sia amore mio, avercela una lingua di mille leghe per leccarti e un uccello in volo sopra ai mari e ai monti e ai fiumi per raggiungerti affezionato mio caro, e per venirti dentro e strusciarti e spezzare cosí questa atroce lontananza e invece rimango solo, la notte tutt'intorno tace e la mia stanza invece urla e grida per te che non ci sei, io, io non ce la faccio proprio piú. Cosí dopo sei giorni scappo e torno da Dilo e gli dico "Io mi salvo solo vicino a te" e comincia una lenta convalescenza cullata dal marzo bolognese e dalla voce romana di Dilo che mi percorre con le sue lunghe dita da pianista che io prendo in bocca e passo sui denti e succhio e si gioca mentre viene anche aprile ed è primavera, passeggiamo ai Giardini Margherita, sono uscito da un tunnel, solo ora mi rendo conto di quei mesi invernali drunkato drunkato che ho rischiato di lasciarci le penne.

Dolcissimo Dilo aiuta a studiacchiare per gli esami, ma a me non importa tanto di queste scadenze e invece è lui che dice di andare avanti, almeno per avere qualche soldo dai tuoi, anche solo per quello, lui lavoracchia un giorno sí e tre no alla sede regionale della RAI, prima faceva il fotografo, poi l'operatore e adesso fa ogni tanto delle trasmissioni come tecnico di regia, ma è un lavoro di merda, anche se ben pagato, perché alla RAI si sta di merda, sembra d'essere in clinica ognuno col suo camice bianco, ma a maggio scadrà il contratto dopo non si sa cosa fare, intanto ci sono cinquecentomila lire che ha da parte e vuole assolutamente che ci prendiamo una vacanza in Marocco, insiste, e la mattina del ventun maggio io do l'esame, la sera lui termina le registrazioni, il ventidue siamo a Roma, prendiamo il charter e la mattina ci svegliamo che fa caldo, il sole è giallo, il mare è blu, il nostro orgasmo, sul tappeto, è proprio un orgasmo.

La mattina facciamo sempre l'amore appena svegli nel guardare dalla finestra dell'albergo il mare, e restiamo una settimana a fumare e spinellare come autentici marocchini e una sera dico a Dilo "Pensa se potessi avere un figlio da te" e lui ridacchia "non stare a scazzare" però anche al Dilo gli piacerebbe se avessimo un pargolo dal nostro amore, poi diciamo che siamo scemi, proprio stupidi, che abbiamo la fortuna di non rimanere incinti e ci diamo dentro, nel deserto, gli altri dieci giorni.

Nell'oasi si sta bene la notte che fa freddo e il cielo sembra un albero di Natale tutto luccicante, Dilo ed io nei sacchi a pelo accanto alla tenda, contiamo le stelle, siamo insieme a tre ragazzi francesi, gay simpatici e furbi che non strafanno come le superchecche di cosanostra e sono anche molto belli, Michel è quello che mi piace di piú e sta insieme a François che ha i capelli dritti che gli scendono a metà della schiena e una gran barba e la mattina, quando esce dalla tenda e va verso il pozzo sembra un dio magro e dinoccolato che cammina sull'acqua. Il terzo si chiama Jean-Paul però tutti lo chiamiamo Paulette perché sembra una donna e ha i seni al silicone che stanno ritti all'insú e pazienza se non assomigliano proprio a quelli di Paulette. Hanno una tenda larga e attrezzata e un piano di viaggio dettagliato, perché vogliono scendere fino al Kenia e poi tornare in aereo e quasi quasi Dilo ed io facciamo il pensiero matto di seguirli, ma dura un attimo perché stiamo bene cosí, noi due, senza affaticarci nel centrafrica. Quando loro partono lasciandoci nell'oasi ci baciamo tutti sulla bocca e sorridiamo promettendoci di rivederci a Parigi per l'anno nuovo, Paulette mi regala una pipa da puro tutta intarsiata e colorata, col fornellino in pietra e allora ci facciamo un'ultima fumatina in gruppo, poi Michel si avvicina e pasticciamo un po' insieme e allora mi chiedo cosa pensi Dilo che ci sta guardando e non riesco a darmi da fare come vorrei, è la prima volta che vado con un altro da quando lo conosco e non è cosí facile, poi mentre Michel mi succhia in bocca giro gli occhi e vedo Dilo che entra nella tenda per mano a François e dico andiamo anche noi, e cosí facciamo l'amore tutti e quattro mentre Paulette carica la pipa e ce la passa ed è davvero divertente perché a un certo momento Dilo ed io ci incontriamo vis-à-vis attorno al cazzo dritto di François, uno da una parte e uno dall'altra e ci guardiamo come dire "toh, guarda chi c'è" e allora prendiamo a ridere e scopiamo per nostro conto mentre i francesi ci guardano e dicono anche un po' seccati "Vite, vite que nous on met les voiles!" Il giorno dopo partono davvero e torniamo a salutarci.

Il rientro in Italia è brutto perché siamo a luglio e a Bologna fa un caldo infernale. Ma non appena apriamo la porta della casa troviamo una lettera che sta lí per terra con nemmeno tanta polvere sopra. La leggiamo, è Gigi che è tornato ed è venuto a cercarci e ha lasciato il messaggio infilandolo dalla porta. C'è il nuovo indirizzo, usciamo, lo troviamo e la sera siamo di nuovo uniti, con l'Anna che è davvero bellissima e Gigi davvero sereno, insomma che sia sul serio la volta buona?

In osteria ci ubriachiamo col tocai che fa schifo cosí acquazzonato e ce lo fanno pagare fin troppo quel diluvio giallino giallino che sembra pipí di un infante. Ma c'è molta nostalgia quella sera del grande rientro, noi quattro seduti al tavolo a mangiare panini e tagliatelle, io che non avevo nemmeno tanta fame. Gigi ricorda di Bruxelles e della mia prima scopata e sembra sul serio divertirsi e anche l’Anna e persino Dilo che queste fole non le ha mai sapute e a un tratto arriva persino a sussurrarmi dell’etero e io allora gli tocco il cazzo sotto il tavolo e dico “ho voglia di stare con te a scopare tanto ho bevuto” e lui “pazienta un po’, mettiti cosí” e mi prende la gamba passandola fra le sue che piú intricati e scomodi di cosí, però sto bene a sentirglielo duro, col ginocchio. Loro sono andati dalle parti del Pilastro, un po’ fuori Bologna, ma hanno un appartamento grande e vivono con due del gruppo teatrale che ha lavorato a Roma e sembra stiano bene, ma Gigi vuole andare a Milano, dice che con Bologna ha chiuso, che gli ricorda troppi casini e ora che è il settantasei e abbiamo vent’anni e qualcosa benemale è successo, non si può tornare indietro a fare la vita scassata di prima, insomma a Milano andranno a lavorare in zona undici, lui l’Anna e degli altri che hanno conosciuto in questi ultimi tempi e sembra ci siano anche dei soldi. Sono ubriaco duro e mi propongo, Gigi mi guarda luccicando gli occhi, davvero vieni con noi? Io dico di sí, verrò con voi e anche il Dilo verrà e saranno tempi belli e ci divertiremo ad abitare tutti insieme, ma Dilo scuote la testa e dice di no, che non se la sente di andare a Milano, che nei quartieri ci ha già lavorato troppo quando faceva il fotografo e di Centri Sociali e Comitati di Zona ne ha strapiene le palle. Gli dico sei stupido a fare cosí, ma è irremovibile. Ci diamo quindi appuntamento per il giorno dopo all'ora di cena e lí si vedrà meglio che fare.

A casa sul letto Dilo parla parla e chiacchiera, se vuoi andare vai, io non ti fermerò ma io m'addormento e il mattino dopo non mi rivolge parola. Gli chiedo che cazzo ha, ma non vuole rispondere e mentre prepara il caffè e le uova gli monto da dietro sulle spalle e lo bacio sul collo e lui mi scuote la testa, mi mette le mani sotto alle gambe e m'ingroppa a cavalcioni e mi porta ridendo in giro per la casa e fa il cavalluccio nitrito e spazzito e io rido e ci gettiamo per terra sulla stuoia, facciamo l'amore sfuracchiato, è bello è bello, no resterò con te a Bologna, non ci riesco proprio amore a lasciarti nemmeno un'ora, io ti amo ti amo perdio quanto ti amo amore mio.

Settimo anno settimo mese poco importa, la crisi è avviata e galoppa come un fulmine, tanto che quando ce ne accorgiamo è ormai troppo tardi per porvi rimedio chiarendoci le idee e le voglie e tutte quante le cose che girano per la testa e che ognuno rimugina in quei silenzi a tavola sempre piú pesanti e in quella attesa nel letto che tutti e due vorremmo piú lunga possibile, cioè non far niente, solo dormire cosí in santa pace. Poi lo scazzo.

Dilo si incarica lui di far scoppiare il casino e questo succede una sera che fa caldo e i nervi sono tesi, ma proprio tanto. Comincia a far battute stronze sul fatto che bevo troppo, che spendo e spando soldi in birre di prima classe e ai caffè a ogni ora, anche quando vado in osteria con i compagni del mio corso e a sentir lui, pagherei sempre io per tutti, coi soldi suoi. Gli dico non è vero, queste sono palle belle e buone. E lui venefico urla di chiudere la ciabatta almeno ora che quando sono seduto davanti a un bicchiere non lo faccio mai e mica una ma tante volte mi ha portato a casa completamente fatto che gli facevo persino schifo poi a pulirmi e lavarmi e sempre leccarmi il culo nemmeno fosse la gatta madre, ostia! E io comincio ad arrossire e a incazzarmi e capisco che c'è guerra e dico qui c'è anche dell'altro, non è mica possibile che mi fai carico di queste merdate, no, tu mi vuoi buttar giú dalla tua vita il perché non lo so ma tu c'hai qualcosa di rogna dentro e te la sfoghi con me. Dilo allora tace, poi infila dritto il corridoio e se ne va, però qualcosa ha detto, cioè che non capisco un cazzo e amen. Mi lascia dunque solo ma io penso che s'acqueterà e che ritornerà, ma passano le ore e viene mattino e ancora non è tornato, io mi sono bevuto nell'attesa, non gliela faccio a stare sveglio e m'addormento. Ma nemmeno nella tarda mattinata quando riprendo conoscenza lui è in casa. Allora scoppia la crisi anche a me e mugugno per tutto il giorno quel che gli dirò quando si rifarà vivo e ne sentirà allora, cosa crede? Che io non abbia faticato ad accettare il suo attivismo sfrenato, mai fermo un istante, sempre con la testa qui e là e progetti di lavoro e collettivi e interventi e storie varie e il suo odio per il cinema, proprio te cinematografaro di merda, cinefilo della malora con la puzza sotto il naso che non gli piace nemmeno Jaws! e quante di liti fatte su quel film di Spielberg eppoi su quelli di Dario Argento che a me piacciono tutti, mica ci ho il puzzo come lui che la crisi del cinema italiano è perché ci sta l'invasione degli americani! Oooooh bruttofesso bocchinaro rottinculo ciucciacazzi te e il cinema italiano, affanculo! Ahhh quante che ne sentirà non appena osa ritornare il grande padre, ah se ne sentirà er romanaccio de Roma caput mundi, st'infame, sto zozzone, sto disgrazziato, alla malora! Ma i giorni passano e Dilo non torna proprio, tanto che penso m'abbia abbandonato sul serio, sfigato io che non la voglio capire. Ma chissenefrega amore mio, io ci sopravvivo lo stesso senza te, lo vedrai diosanto, lo vedrai che sono ormai capace di farmi la mia vita da solo. Tanti proponimenti, tutto in merda. Da solo non gliela faccio, è difficile difficile, guardo la tivú da mattino a sera, nient'altro; la notte ai cinema e bazzicare le osterie per vedere se lui c'è, persino davanti alla sede della RAI a fare picchettaggio per guardarmelo anche solo passare davanti. Ma niente, sparito, dileguato povera stella, me e anche te.

Via un giorno dietro l'altro dal calendario a muro, tutti foglietti che si perdono per la cucina e stanno lí tra i piedi a ricordarmi ogni momento che Dilo non torna, ogni foglietto un giorno di noia. Poi una sera che sono sul letto a leggere sento far casino attorno alla serratura e cosí mi alzo e faccio appena in tempo ad arrivare sull'ingresso che entrano trequattro mai visti prima e con loro c'è Dilo e mi salutano con mezzo sberleffo come dire ci hai anche il maggiordomo, eppoi vanno in cucina a mangiare. Dilo s'incazza subito e fa battute odiose perché il frigorifero è vuoto e sguarnito che pare la siberia, e c'è solo una qualche birra a metà e cosí dice a me che sto in disparte ma di che vivi, che mangi? E io, vivo d'aria, non si vede, non lo vedi brutto stronzo come son ridotto che non ti fai piú vivo, ma con chi gliel'hai accidenti, che t'ho fatto e chi è questa bellagente, almeno fammi conoscere con chi vivi, cazzo! Ma lui fa il superiore e gli altri se ne escono che sentono la bruttaria che tira. Cosí restiamo faccia a faccia e ci guardiamo dritti negli occhi in un interminabile silenzio, finché la sua bocca non accenna a un sorriso smorfiosetto e quando vedo che sta proprio lí lí per ridere mi getto fra le sue braccia e gli lancio un cazzotto allo stomaco e mentre è ripiegato uno schiaffo e gli urlo tu mi ammazzi, tu mi ammazzi e continuo a menarlo e poi lui si rialza e mi sbatte contro lo stipite della porta e mi dà un calcio sulla gamba e urla anche lui e mi chiama marchettaro che lo sa bene quel che facevo alla Montagnola eppoi non solo lí. E io gli do un altro cazzotto in faccia e lo stringo per i capelli che ci ha il sangue che gli cola e gli grido avanti sputa tutto e lui sputa e dice fra uno schiaffo e l'altro e pugni e calci che voleva starsene da solo e che la vita a due gli ha rotto il cazzo, perché noi la si pensa diversamente e io devo ancora imparare a reggermi con tranquillità questi rapporti e smetterla di bere che cosí mi rovino, guarda lí ci hai già la panza gonfia. "Risolvi invece i tuoi casini e datti da fare, mica l'ubriacone da mattina a sera, sempre a piangere sulla mia spalla se uno ti dice finocchio. Guarda chi sei per la madonna, che da quando viviamo insieme anch'io ci ho preso paranoie e nevrosi e tutte le avemarie del caso!" Non ci meniamo piú ora, ma siamo in piedi uno di fronte all'altro senza parole a leccarci le ferite e io non ho il coraggio di alzare gli occhi e capisco che veramente sono peggio dell'edera, dove m'attacco muoio e forse c'ha ragione lui che non faccio altro che scaricargli addosso tutte le mie paranoie, cioè dire sempre, fai te che per me è lo stesso. E infatti Dilo lo dice che questa mia passività gli ha rotto il cazzo, perché uno non può mica starsela a menare per tutta la vita se è cosí, ma piuttosto viversi bene e anche meglio degli altri. Questo lo dice sottovoce come se sussurrasse mentre si tocca la bocca e si guarda le dita insanguinate. Mi lascia lí e va verso il bagno e quando mi passa davanti io non ho il coraggio di far nulla, ma sento un singhiozzo dietro l'altro e metto giú le lacrime in silenzio. Poi mi faccio forza e lo raggiungo davanti allo specchio che si sta medicando e si è tolta la camicia e le braghe e c'ha dei segni rossi anche sugli stinchi. E lui non mi caga, fa come non esistessi finché alzo la testa e pure il braccio per toccarlo e allora ruggisce di scatto schiaffandomi quel gesto e grida di sparire, prender aria, raus, raus, che non ti posso piú vedere lí pietoso a chiedere il bacio della pace e piangere che non sai fare altro e l'han capita tutti ormai che sai fare solo quello, via via! sloggiare e circolare! E a questo non sono mica preparato e scappo via che mi sento meno della cacca. Dopo arriva lui che me ne sto sdraiato sul letto a pancia in giú e al buio e tutto sbavato e dico "Scusami Dilo non volevo proprio farti male che ti amo che di piú non potrei e ho scazzato a prendermela cosí, lo so" e lui si siede accanto, poi si mette sopra e mi copre e appoggia la testa sulla mia e dice sottovoce hai fatto bene, perché queste cose uno se le deve scegliere da solo e farsele da solo e io t'ho lasciato solo un poco, perché non è giusto che tu viva sempre addosso a me e lo so che non abbiamo un modello per il nostro amore, ma questo va anche bene perché ci obbliga a trovarcelo insieme tutti e due e crescere insieme e accettare quel che capita con tutte le conseguenze, mica bere o rimuovere o far finta che non accade niente anche dentro a noi solo perché ci vogliamo bene, cioè anch'io ti amo, ma per questo vorrei che tu comprendessi che prima o poi sarai solo e questa storia laricorderai se t'ha fatto crescere sul serio e io l'interrompo e dico che non le voglio sentire queste cose, che ci soffro, ma lui continua "Anch'io vorrei che non ci si lasciasse mai, davvero, io ti amo" e allora alzo su la testa e lo guardo e lui s'avvicina con la mano e mi dà un buffetto sotto al naso tutto smocciolante e mi prende fra le braccia e continua a sussurrare io ti amo e allora ci stringiamo ancora piú forte eppoi facciamo all'amore tutto dissestato e ammaccato con la faccia gonfia e gli occhi neri e le ossa rotte, senza luce e senza musica, ma va bene cosí è meglio cosí è stupendo cosí.

E si apre una storia nuova nella nostra vita, piú consapevole, piú adulta, perché le crisi e i cazzotti van bene quando servono ad andare avanti e si risolvono con scazzo che non è giusto far sempre i piagnoni e i vittimari e dar la colpa a chi non si sa chi, cioè sappiamo benissimo a chi dover torcere le budella ma bisogna pure andare avanti e lottare per quel minimo che ancora ci resta e cioè anche solo un rapporto, una storia, un amore e insomma mille e mille ricordi anche belli e strasognati e magari d'un tempo davvero passato che si stava bene a fare i ragazzi, be' tutte queste cose non valgono la benché minima speranza di un'ora finalmente adulta e migliore per tutti e per questo qui si vivacchia e ci si dispera, mica farsi pippe e nostalgie da mattino a sera. Insomma inizia settembre e ce la passiamo abbastanza bene soprattutto quando arriva il quattordici e io faccio ventunanni e Dilo mi regala una bicicletta nera e lucente e sono tutto preso dalla commozione e gli getto le braccia al collo e gli dico che tutto è davvero fantastico. Poi nel pomeriggio percorriamo i viali dei giardini Margherita, io che pedalo e lui sulla canna col gelato che sbrodola sulle braccia e mi piace da morire sentirgli il suo odore appoggiandogli le labbra al collo e dietro le orecchie. Fino a sera pedaliamo un po' ubriachi quel magnifico quattordici settembre, un caldo primaverile, una luce schietta che quando il sole va giú i mattoni di Bologna avvampano rossi come se la città dovesse da un momento all'altro bruciare e noi restare i soli superstiti scendendo allacciati dai colli verso le macerie sulla nostra bicicletta fiammante.

Ognitanto riceviamo posta da Anna e Gigi che a Milano sembra se la passino comsí-comsà, qualche scazzo, qualche miseria e un po' di tranquillità. Con Dilo non ci sono casini, siamo molto innamorati, vivacchiamo da froci tranquilli ma succede che in autunno tutto si mette in moto come una corrente sotterranea che butta i germogli, un germinal anticipato che ci getta in collettivi e riunioni e si vede che nelle osterie c'è qualcosa di nuovo, forse soltanto piú voglia, ma non so bene di cosa. Dilo e io siamo nel collettivo omosessuale, la maggior parte sono studenti fuorisede ma ci sono anche marchette e superchecche e qualche criptochecca che ha fiutato l'aria nuova e viene alle riunioni come se dovesse andare a battere, non dicendo nulla ma roteando gli occhi, tutto un su e giú di ammiccamenti ma è giusto che sia così e ottobre-novembre è tutto un grandaffare, preparativi di spettacoli e recitals e uscite fuori disastrose nei cinema che quando arriviamo noi in ventitrenta tutti chiassosi ci guardano come pazzi, ma nessuno si azzarda a dir niente e noi ce la ridiamo perché andiamo benone. Verso la fine del mese Gigi ci invita a Milano, dice che all'inaugurazione della Scala ci sarà casino eppoi una festa in piazza Vetra e insomma "se voi venite ci si rivede e ci si diverte". E cosí per Sant'Ambrogio Dilo ed io si va a Milano, l'appuntamento è in piazza Duomo nelle prime ore del pomeriggio, noi sbarchiamo in Centrale al mattino, ma si sente che è una brutta aria quella che ventila. Mangiamo qualcosa dalle parti di via Torino e Dilo dice "Esco un attimo a prendere le sigarette" gli dico "va bene" e vado al cesso. Quando esco inizio ad aspettarlo, ma passa un'ora e non lo vedo tornare cosí che arrivo all'appuntamento da solo e Gigi e Anna sono fermi in mezzo a dieci poliziotti che li perquisiscono e chiedono i documenti e io mi tengo da parte ma Piazza Duomo viene completamente assediata dalla polizia che è tutto un cellulare e schieramento di scudi e camionette che fa venir freddo perché loro si battono i manganelli sulle gambe e sembra debbano caricare i turisti da un momento all'altro. L'Anna la lasciano, ma Gigi viene portato su un furgone con altri e spariscono. Io aspetto che l'Anna arrivi dalla mia parte, poi ci abbracciamo e le chiedo che cazzo succede e lei dice che son tutti stronzi, quelli che hanno incendiato gli autobus e quelli che si menano lí vicino e io le dico "Non trovo piú Dilo" e allora andiamo a casa sua perché non c'è niente da fare e passiamo la notte in soggiorno, ma prima di arrivare in Regina Giovanna abbiamo superato quattro posti di blocco e sempre è stato un farsi mettere le mani addosso e declinare a bassa voce il nostro nome. Ma tutto è andato bene per noi due, anche se mentre trascorre la notte pensiamo che forse il Gigi lo stanno menando e Dilo... vorrei che se ne fosse tornato a Bologna, che non m'ama piú e che m'ha lasciato cosí senza dir nulla, in un bar di via Torino, il giorno di Sant'Ambrogio. La notte succede casino e quello che abita con loro torna con la testa mezza spaccata e sanguinante ma non ci si fida a portarlo al pronto soccorso. Lo medichiamo come si può, poi verso le due viene uno che fa medicina, lo visita e dice che non è tanto grave, ma che sarebbe meglio portarlo al pronto soccorso, non a Milano. Lui non ci vuole andare, dice che si sente benone, poi sviene e si è costretti a chiamare un taxi e Anna e lo studente di medicina lo accompagnano e spariscono. Resto in casa da solo, mi maledico per essere stato cosí ingenuo a venir su, ma non ci si aspettava questo casino. Verso le quattro ritornano tutti e tre, hanno trovato un medico che non ha segnato la visita e ha accettato di mettergli a posto il cranio senza avvisare il piantone. Viene mattino e siamo ancora lí, il ferito che dorme, Anna ed io con gli occhi gonfi, un gran puzzo di mozziconi e lo studente continua a fumare celtiques una dietro l'altra. Verso le dieci e trenta suonano al telefono e Anna risponde concitata, poi sbuffa e sorride appena, capisco che è il Gigi che è tornato e bisogna aprirgli la porta. Ma Anna si volta e dice "C'è anche Dilo, tutto ok" e allora scendiamo di corsa, ci abbracciamo ci baciamo e "porcodio prima che si torni a Milano"...

Nella vasca da bagno Dilo racconta la brutta giornata. Appena uscito dal bar chiede a un passante dove sia una tabaccheria, questo gli indica la piazza, lui s'incammina e scrocia d'un tratto in un blocco volante della polizia che chiude la strada con le camionette per traverso. Lo fermano, vedono che è di Bologna, che ha l'accento di Roma e quindi pensano che è uno sbandato e precario venuto su per far casino e dunque lo portano dentro. Nello stanzone palestra della questura Dilo si trova con un centinaio e piú di altri ragazzi, i piú giovani avranno tredici anni, i piú vecchi ventisei, tutt'al piú ventotto e incontra pure due in completo da tennis con le borse e la tuta che passavano dal metrò del duomo e li hanno messi dentro, cosí imparano a girare con quelle racchettazze contundenti. E infine trova anche Gigi e si fanno coraggio dicendo che non s'azzarderanno a far niente, che forse a mezzanotte, terminata la prima alla Scala, li lasceranno andare e invece devono attendere le nove del mattino e trascorre una nottata con gente terrorizzata e altra che fa confusione e Dilo lo chiamano in un ufficio tre quattro volte e ogni volta sempre la stessa domanda e i confronti con i fonogrammi che hanno richiesto alle questure di Roma e Bologna. Ma per fortuna è incensurato e cosí con il Gigi lasciano finalmente via Fatebenefratelli e se ne tornano in Regina Giovanna. "Però ad esser sincero ci ho avuto una fifa che..." io non lo lascio continuare, mi avvicino ancora di piú, l'acqua esce sciabordando dalla vasca. Dopo mangiamo insieme qualcosa, ma decidiamo di tornarcene a Bologna il piú presto possibile, Gigi dice "Peccato" noi "Un'altra volta andrà meglio" e li salutiamo sulla porta, anche il ferito che apre gli occhi e li strizza perché è l'unica cosa che può fare, tutto immummiato com'è.

Il settantasette inizia con Dilo ed io a Paris, chez les folles. Ci si diverte abbastanza, merito dei boulevards innanzitutto, ma poi m'accorgo per la prima volta che la vita a due mi sta impoverendo, che non riesco a sopportare di stare con altri e tutto mi dispiace perché sento come avessi messo la testa a posto, che poi non è vero. Però in quella settimana non ho tempo per pensarci sopra troppo perché siamo sempre sballati a forza di haschisch che è ottimo e di marja che è buona, ma cosí buona che ti stona soltanto l'odore. Michel una mattina entra nella mia stanza, io mi sveglio e guardo Dilo che dorme nella sua solita posizione col cuscino sopra le orecchie. "Tu viens boir un café?" Tossisco. "Ça-va Michel". Usciamo, fa freddo, i miei Levi's diventano duri di ghiaccio e ogni passo è una sofferenza. In un bistrot che sta aperto tutta la notte beviamo il caffè e mangiamo dei croissants caldi caldi, saranno le sei al massimo. Michel mi prende la mano e dice che non gliela fa piú, che è stanco e che vuole morire. Gli dico Michel non menare queste cose di mattino per carità, ma lui d'improvviso si mette a piangere e io mi commuovo perché vedo questo ragazzone di trent'anni bello e pulito che piange, piange senza singulti, lascia soltanto che le lacrime scendano sulle guance e sui tovagliolini con gli occhi sbarrati e assenti e io lo vedo in una visione come una statua miracolata e ho paura e allora gli afferro il braccio e lo scuoto e per pietà Michel destati e andiamocene. Finalmente si muove e lo trascino sul boulevard, eppoi scendiamo al Quai e fa freddo che quando uno di noi parla gli si appanna il fiato come una nebbia in cui l'altro si perde. E Michel parla, perdio quanto parla quella mattina che ci facciamo tutta Montmartre nel gelo e finalmente ci scaldiamo in un caffè e beviamo due pernod a testa; parla lento come se ogni parola gli costasse una tremenda fatica a salire alle labbra, ma io continuo a tenerlo sottobraccio perché sento che abbiamo bisogno uno dell'altro quel giorno cosí attaccati siamo un po' piú forti, ognuno nelle sue miserie. E dice guarda, io mi sento che tutti mi leggono dentro come fossi di vetro che non ho piú nemmeno un angolo in cui tenerci il cuore e il mio territorio di libertà, no, mi fanno male gli occhi della gente, è un momento cosí tante volte è passato, ora sono qui tutto terremotato di dentro e sento questo sisma che mi traballa le budella e se sto seduto anche la sedia che l'altra notte al cinema ho gridato terremoto, terremoto e la gente ha urlato, però ero solo io e Paulette s'è messa a ridere, però non mi passa non mi passa santiddio, e piango una lacrima sull'altra che non so da dove vengano fuori, però escono e sembran mare, salate e blu. E io gli dico te agli altri non devi manco pensare che sono tutti stronzi idioti e non sanno nemmeno che cosa voglia dire essere liberi o felici, mentre tu lo sei perché hai la tua vita con gente bella che ti vuol bene e allora che ti frega, pensa a te che vali, pensa a noi che siamo la razza piú bella che c'è, me lo ha insegnato Dilo questo, ridi, ridici pure su, noi sí che siamo una gran bella tribú. E allora sembra che piano piano tutto passi, ma si sa bene che non basta dire due parole o inventare uno scherzetto o fare una rima sciocca, e che quando uno ci ha i cazzi suoi, be', sono veramente suoi, non c'è da fare un cazzo, manco gli stoici gli epicurei o i filosofi, niente. Non si può impedire a qualcuno di farsi o disfarsi la propria vita, si tenta, si soffre, si lotta ma le persone non sono di nessuno, nel bene e nel male. E quando c'è un po' di coraggio in piú o quando i pugni in tasca sono davvero serrati e le labbra strette e gli occhi piccoli, quando c'è paura ma tanta tanta e non si sa bene di cosa, però c'è sempre gente che ti segue anche nel cesso, succede. Anche per Michel succede e noi non si è potuto impedir nulla. François e Paulette e Lucien tornano alla sera, non si sapeva dove rintracciarli. Siamo sconvolti e per fortuna c'è Dilo che è forte e parla lui alla police e agli altri. Rimaniamo altri dieci giorni finché François non perde quello slavato delle orbite e Michel riposa al camposanto.

A Bologna ci è difficile inserirci nuovamente in quello che si era lasciato e non appena a febbraio si occupa l'università dico a Dilo "non me la sento, ho bisogno di stare solo con te e basta, cerca di capire amore" e lui dice "ti capisco, ma vieni anche tu che è bello vedrai, stanotte si dorme là e cosí anche domani e c'è posto per noi, ce lo siamo conquistato, perdio non lo capisci?"

ma io proprio non capisco e finisce che resto chiuso in casa anche a marzo e il mio pensiero è continuamente al corpo di Michel che sotto terra si decompone e si scioglie e io non riesco a sopportare questo pensiero di morte e scrivo che voglio essere cremato perché questa corruzione del corpo non la sopporto e non tollero che dove Dilo ha baciato crescano le bestie, ma Dilo non capisce questo mio sfarmi a pezzi tanto che lo vedo sempre meno, anche a fare l'amore. E finisce, cosí... Una notte mi alzo dal letto e prendo a girare per casa e guardare dalla finestra il cielo, poi torno sotto le coperte e mi alzo e prendo una matita e scrivo "Caro Dilo ti lascio che sono stato tanto bene assieme a te come mai mi era accaduto e non importa che ora ti dica quanto ti ho amato e ti amo, perché sai benissimo che non appena riguardi a quello che siamo stati, li trovi facilmente i segni del nostro amore. Sono tutti lí che dicono ciao a me che me ne vado perché proprio non ce la faccio a immaginarmi il tempo dello squagliamento e del deterioramento, con te che arriverai qui e comincerai a cancellare tutto e io non voglio che si apra la battuta di guerra, tutti e due lanciati a stracciare le belle cose che siamo stati, c'è solo tristezza quando si finisce una storia come la nostra, lasciamola dunque cosí, io non voglio infierire." Dopo, via.

A Milano Gigi e Anna sono contenti di rivedermi e mi chiedono notizie di quello che si fa a Bologna che a stare a sentire i giornali succede la rivoluzione, ma io dico non so nulla e loro capiscono che sono a secco, terribilmente a secco. Mi sistemo sul divano della cucina e al mattino devo alzarmi presto e rimettere il letto a posto sennò non si passa e non si sa come preparare il caffè. Seguo Gigi che lavora in una scuola elementare, una classe lui, una l'Anna e una Bepi al mattino, al pomeriggio altri tre che devo ancora conoscere. Imparo da Gigi a fare qualcosa, gli sto sempre dietro e dimentico giorno dopo giorno Dilo. Il lavoro mi prende molto e c'è un mese che faccio anche il pomeriggio e poi le riunioni coi genitori e arrivo alle mie quattordici ore di lavoro giornaliero, ma stiamo andando bene e c'è un collettivo che al Centro Sociale vuole collaborare. Ci si mette insieme, bambini, maestri genitori e ragazzi e si preparano delle uscite nel quartiere e delle storie da raccontare e tanti tanti disegni di come erano le case trentanni fa e le vie e i mercatini e poi un plastico e ore e ore di registrazioni coi pensionati che al circolo raccontano senza interruzioni e cosí, piano piano si raccoglie il materiale per costruire una rappresentazione e una storia del quartiere e della gente che ci lavorava e succede che... una mattina mi chiamano in direzione didattica e lui da dietro la scrivania mi dice che non è colpa sua, che non può farci niente, ma alcuni genitori hanno avanzato obiezioni e che a lui non interessa la misura dei miei gesti, né il tono della mia voce e nemmeno con chi me la passi la notte, ma... sbatto la porta e torno in aula come nulla fosse successo, ma il giorno dopo mi sento crescere contro l'antipatia e le difficoltà e l'ostilità e anche le persone con cui prima lavoravo e si andava bene anche la domenica che m'invitavano a pranzo, anche loro sí sembrano spiacenti, ma... Io dico che alla fine è giusto che me ne vada perché a incarognirmi in questa faccenda rischierei di sputtanare quei due mesi di lavoro e trascinare nello svacco anche altri che invece sono proprio quelli che devono continuare e quindi dico al Gigi, è meglio che continui tu e io ti seguo dal di fuori, perché non è colpa loro, di quelli che lavorano e si fanno il culo se faticano ad accettare un finocchio, pazienza, qui sono in gioco troppe cose per una storia che invece è solo mia e quindi un fatto personale, pazienza, lo so che la vita da finocchi è difficile... Ma alla fine lascio tutto e quando Gigi dice che ha saputo chi è stato a mettere il veto sul mio nome al consiglio d'interclasse, che ora sono pronti a mobilitarsi contro quel fascio e quel direttore che vogliono bloccare il nostro lavoro, anche allora dico lascia perdere, non me la sento di affrontarli, sto solo, sto qui a disegnarti le carte di Propp e magari ne faccio delle stampe da vendere perché stanno venendo bene e continuo a far gli aquiloni che ancora me ne chiedono tanti... Il giorno che c'è la festa e tutti escono ed entrano dalla scuola e nelle strade c'è una bella confusione e i muri delle case sono rivestiti dai disegni dei bambini e dalle storie dei vecchi, Gigi mi dà duecentomila lire e dice che non ne ha di piú, ma quando il comune salderà allora ce ne saranno altrettante perché ho lavorato sodo e se il lavoro è venuto bene che sembra si faccia il contratto anche il prossimo anno e un libro per l'Emme Edizioni, è anche merito mio; io allora dico che vado via, a Bologna, e do qualche esame al Dams, poi prima di prendere il treno in Centrale gli scrivo una lettera e gli dico che la strada per cambiare la scuola è ancora lunghissima e che non serviranno queste feste e queste uscite e che quando non ci sarà scuola la scuola allora sí che funzionerà e sarà bella finalmente, perché uno si alzerà e andrà al cinema e a fare all'amore ed è questa la scuola, cioè l'esperienza, mica la normalizzazione, te lo dico io che ho imparato piú da un pompino che da ventanni di esami.

Vedo Dilo dopo questi mesi nella sua casa, gli porto come regalo una fiaschetta rivestita di pelle con su scritto Gin e una pipa che ho comprato sottocasa. Mi accoglie con un bacio leggero sulle labbra che contraccambio tremando. Nella sua camera c'è un ragazzo molto giovane e dall'aria dolce che legge James Baldwin, mi guarda "tu devi essere quello che ha imbrattato tutta la casa, o no?" e sorride alzandosi e io arrossisco e sto per dire, va be' sono io lo sporcaccione, però lui allunga la mano e ce la stringiamo e capisco quel poco che c'è da capire. Mi passa al fianco uscendo, ci guardiamo negli occhi e lui li riabbassa prontamente e arriccia il naso quasi timido. Dilo si siede sul letto e dice siediti qui anche tu e lo raggiungo e gli prendo la mano e la bacio e l'accarezzo ma lui dice "quello che hai scritto è stato terribile, ora sí che è davvero finita" e allora mi getto tra le sue braccia e ci baciamo dentro la bocca, ma sono offset cosí offset che mi viene da vomitare e mi alzo e dico "Dilo ora non ho piú casa qui a Bologna e volevo chiederti se avevi un posto, non piú di un mese, quel tanto che serve a trovare una sistemazione decente e riallacciare i vecchi rapporti" e lui m'interrompe e dice capisco, ma reggeremo questa nuova situazione? Scuoto la testa e dico di no, che non la reggerei e non la reggo nemmeno adesso e che stupido che sono stato a venire, devo sempre rovinare tutto accidenti e non capisco mai quando è ora di dire basta alle storie e cosí riprendo la mia roba ed esco, lui Dilo non m'ha accompagnato, s'è limitato a tenermi gli occhi addosso come dovesse gelarmi di sale. La casa non si trova, non si trova e resisto una settimana mica di piú a dormire all'ostello e mi dico che è giunto il momento di tornare a casa, a Correggio, che in fondo da quando sono partito tre anni fa sarò tornato non piú di cinque-sei volte.

Piantar radici diventa cosí facile che arriva agosto e nemmeno ho voglia di andarmene via, ma poi acconsento e mi imbarco in una spedizione in auto verso Londra con vecchi amici del liceo e tra questi c'è Rosanna con cui studiavo ogni giorno al ginnasio e si facevano tanti sogni insieme e si ascoltava *Per voi giovani* e si andava spesse volte al cinema e allora sí che c'era tanta voglia di starci al mondo e allacciare intensità e circuiti con tutti e nessuno riusciva a fermare la selvatichezza di quelle giornate trascorse a immaginarci adulti e forti e duri, noi contro tutti. Con l'Università ci siamo persi di vista e dopo, anni dopo anche per sempre, ma adesso abbiamo tante cose da raccontarci e nessuno dei due immagina quel che poi accadrà una brutta giornata di aprile. Partiamo dunque e dopo ventiquattr'ore ininterrotte di viaggio tocchiamo l'Inghilterra e prendiamo alloggio a Kilburn, sulla Bakerloo Line della metropolitana di Londra. Siamo in quattro e la sera facciamo di solito tardi sbevazzando avanti e indietro, soprattutto lager bier che qui è davvero buona e non ha niente a che spartire con le birre bionde del continente. Lasciata l'underground verso mezzanotte percorriamo il viale cantando e ridendo verso il villino in cui alloggiamo e che fa tanto Free-Cinema, John Schlesinger tanto per capirci. Da un lato della strada in leggero pendio sbucano tre ragazzi di corsa e ci arrivano addosso e poi ne saltano fuori altri quattro e ci prendono a botte e allora scappiamo e raggiungiamo di corsa la casa, ma la fuga ci ha sgranati e l'ultimo è quello che ha le chiavi per cui noi tre siamo lí trepidanti e bestemmianti e gli urliamo "sbrigati, sbrigati!" ma lui è lento e non gliela fa e viene raggiunto e menato e noi si rimane davanti al cancelletto impalati dalla paura, ma dura un attimo, bisogna aiutarlo povero cristo, e lo raggiungiamo urlando inferociti tanto per spaventarli ma quelli non si spaventano e ci menano e prendiamo anche una coltellata che per fortuna è solo di striscio e sfodera il giubbetto, ma le chiavi sono fortunosamente passate nelle mani di Rosanna che corre sola verso la casa, corri corri vecchia stella, eddai che gliela abbiamo ormai fatta e cosí apre finalmente la porta e riusciamo a ritirarci, malconci ma salvi. Cosí io sul letto, mentre riprendo fiato e cerco di allontanare la paura dico che domani me ne vado e che Londra mi fa schifo e che ci sono troppi delinquenti in giro se arrivano a menare anche noi che siamo scassati e lisci che piú lisci non li trovi nemmeno negli sleeping da dieci penny. E infatti il giorno dopo Rosanna ed io torniamo indietro e lasciamo gli altri due con la macchina diretti a Edimburgo, in Scozia e spendiamo i soldi del soggiorno per il rientro in treno. Mentre trasbordiamo a Calais, le dico senti, sono stanco di farmi menare e prendere sempre botte e non gliela faccio piú con questa vita scassata e vorrei mettermi tranquillo perché sono stanco di tutta questa cialtronata che è la mia vita e se una volta pensavo che avrei anche potuto esser felice solo che trovassi un uomo da farmi, ora dico che anche questo non basta perché non si vive in un letto o in un cinema o in un appartamento o in un cesso e io sento la mancanza di tutto quello che non è cinema, non è appartamento, non è letto e non è cesso cioè sono stanco e vorrei dormire per una eternità e magari svegliarmi che tutto è cambiato e finalmente si sta bene e non bisogna menarsela tanto con l'alcool e i buchi e i soldi e... Poi lei dice che faccio la lagna e di smetterla lí perché cerco sempre giustificazioni e meglio sarebbe se mettessi la testa a posto che è il solo modo di sopravvivere in questo merdaio che si chiama Italia e allora le dico che son tutte cazzate e che in Italia sopravvivi solo se hai la lira e anche cosí fai una vita di merda perché... insomma torno a Correggio da solo perché Rosanna la perdo a Milano che si prende un treno per la Versilia e se ne va nella sua casa al mare e mi dice anche vuoi venire, ma io rifiuto, non ho nessuno a casa, starò bene e mi riposerò vedrai, vedrai, vedrai... Poi a Correggio diventa tutta una morte civile ed erotica e intellettuale e desiderante che ti chiedi la gente come fa a sopravvivere e capisci la sera, guardando dal balcone le stelle e la luna che il prezzo è davvero alto e che sono tutte sublimazioni e che è vero, piú si vive piú si è costretti a castrarsi e ...Viene settembre, faccio ventidue anni e sono solo. Mi faccio un giro di mura sulla mia bicicletta e penso a Dilo e al suo corpo e alla sua voce e alle sue dita che mi piaceva tanto tenere in bocca e succhiare come caramelle, poi a Michel che non c'è piú e a François eppoi a Mario quella notte al Vondel Park e a quel risveglio sottile e sognato e a Ibrahim che chissà che fine ha fatto poveraccio, e a Sammy che non è piú tornato, porco agente della CIA, e a Luca e a Christopher e alle partite di basket e ai blues sulla scalinata di Santo Stefano e allora vedo tutti i miei amori come perle di una collana sbandata e che altro non faccio che staccare queste perle e ormai c'è rimasto soltanto il fildirafia e sono a secco, cosí a secco che quasi mi imbarco nel servizio militare e mi impicco cosí ce l'hanno loro proprio tutta la colpa di questo mio fallimentare tirar di conto. A Reggio mi faccio poi un giro di buchi e arrivo a farne tre-quattro-cinque-sei-sette al giorno anche se non so piú bene cosa sia il giorno e cosa la notte e dormire e star sveglio e cosí passo tutte le ventiquattrore in piazza finquando mi danno il foglio di via e torno a Bologna, ma senza buchi non gliela faccio e meglio tornare a Correggio, al CIM che almeno me la passano loro e ho benemale una casa. Quando Mattia arriva a Correggio io sono scoppiato sfatto, ma non piú di tanto perché l'istinto di sopravvivenza è l'istinto di sopravvivenza, e da questa tautologia nascono i giorni migliori, senz'altro. E Mattia lo vedo in vasca una mattina alto e bello che arriva all'uno e novanta come me e quando lo abbordo mi piace da morire girare con lui che mi fa sentire normale e la gente ci guarda che sembriamo i figli del Walhalla perché uno alto da solo è uno scherzo di natura ma in due è una razza superiore. Di Mattia m'innamoro e facciamo sempre le tre-quattro del mattino a contarcela e menarcela in giro per la campagna e le vecchie case di Correggio che a lui di Mantova piacciono tanto e gli ricordano quei paesini della bassa che ci stai bene perché non c'è pula nelle piazze a rompere i coglioni. E a Correggio prende a nevicare e mentre nottambuliamo pieni pieni di alcool, la neve ci fa i capelli bianchi come vecchi ma basta che li scrolliamo e siamo ancora ventenni e siamo belli... lui sa che sono finocchio e una notte cerco di baciarlo e di stringerlo ma non succede nulla, non si va piú in là di qualche carezza imbarazzata, tantonemmeno riesco a strappargli un pompino che ne ho voglia-voglia che quasi scoppio. Dopo tutto si corrompe e si sfalda col disgelo che inizia subito dopo Natale e per Capodanno c'è il sole e Mattia se ne va e mi dice che è stato bene ma deve tornarsene a Mantova a studiacchiare e "ti ringrazio che mi hai insegnato tante cose" e lo vedo partire e scoppio a piangere in sala d'attesa che si avvicina una suora e fa povero figliolo e io la guardo e le dico porcodio, fatti i cazzi tuoi che sto malemale che di piú non potrei. Torno a Bologna ma c'è sempre Mattia alto e bello con quegli occhioni biondazzurri che mi fanno impazzire, ma lui si sbatte con le donne, io sono tagliato fuori e giro per Strada Maggiore come un tagliato fuori, cioè guardo i miei piedi e sento di camminare sui carboni accesi come un mentecatto invasato che ci prende gusto a far bruciare i piedi suoi, tanto non li sente neanche suoi. Cosí faccio un bislacco tentativo di suicidio perché ad ammazzarmi non gliela faccio, ma tentare sí e allora passerò un poco di tempo in clinica e almeno avrò da dormire e mi faranno tanto valium che mi piacerà. Mi sveno il polso sinistro e vedo il sangue e ho paura, ma poi mi faccio anche il destro, il tutto nella toilette di un bar e mentre divento dolce lascio che il mio sangue sbuchi fuori di sotto la porta che se entra qualcuno mi portano dritto dritto all'ospedale, ma nessuno viene e allora dico che potrei anche morire e ho paura e sto per urlare ma tutto dura un attimo perché poi prendo gusto ad abbandonarmi in terra e ascoltare i miei sensi partire e sento la mia voce che dentro dice stai calmo, ora ce l'hai fatta, stai calmo, dormi che hai vinto e chiudo gli occhi e mi sveglio tanto tempo dopo in clinica con la gente intorno, ed è davvero un brutto risveglio perché ormai ero piú di là che di qua ed era molto piú difficile tornare indietro che continuare, ma la cameriera ha dato l'allarme che ero tutto rosso e sanguinante e a forza di trasfusioni e cure m'hanno fatto tornare quaggiú nella merda, poi giorno dopo giorno dico meglio cosí, è come se fosse passata la crisi, ho voglia di vivere.

Ed è Karla la mia nuova voglia di vivere, Karla con le storie del suo bosco boemo e la sua voce scricchiolante, Karla con il suo corpo un giorno grasso, uno secco, i capelli ora lunghi ora corti, Karla che scende dal suo reparto nella mia corsia e si siede sul lettuccio e racconta e la notte vado io su e strizzo l'occhio all'infermiera di guardia, tanto sa che sono frocio e che tengo il permesso del mio indagacervello. Insomma è Karla questo mio risveglio, Karla che nient'altro è che una bella ballata di Leonard Cohen, una canzone ubriaca e roca. Chiacchieriamo chiacchieriamo, lei ventottenne spiantata e ricca appena separata da un maschio italiano stronzo e gigolo, io un po' a secco come sempre, un po' euforico come sempre. Dura una settimana perché poi mi dimettono e allora sono costretto ad andarla a trovare in clinica perché lei non la lasciano ancora. Facciamo progetti insieme, non appena fuori si andrà ad abitare sopra Verona dove ha una casa e io accetto e ho voglia di andare con una donna e di starci a far l'amore e di viverci insieme. Io non so bene ma con Karla è sempre un interrotto comunicare e anche i silenzi fra noi sono belli perché non pesano, insomma è un'empatia molto forte e dura il tempo che dura. In Piazza delle Erbe, a Verona, un giovedí che siamo scesi per il mercatino incontro alcuni ex di quando avevo quel giro di buchi a Reggio Emilia. Sento un pugno allo stomaco e strattono Karla dicendole di entrare nel primo bar e di perderci, ma loro mi hanno visto, mi inseguono e mi vedono con questa bella donna che è Karla e chiedono soldi dicendo che a Reggio non si può piú stare, che sono tutti pieni di fogli di via, tanto che in città possono incontrarsi solo sugli autobus, mentre a Verona ce n'è quasi come ad Amsterdam. Io dico che non buco piú e che non c'ho i soldi e cerco di svicolare verso piazza Brà e in effetti li lasciamo lí e torniamo a casa, ma la notte dormo molto male e il giorno dopo sono sballato e nevrotico e litigo con Karla, ma lei sembra capire e non reagisce. Dopo ci si saluta freddi come bambini che hanno sciupato il gelato.

Dilo abita sempre nella stessa casa di Bologna, ma in compagnia di un ragazzo che non è giovanissimo, ma è uno schianto, un corpo stupendo anche sopra ai vestiti e infatti fa il ballerino al Comunale. Quando suono il campanello le gambe mi tremano, poi lui appare ed è gentile, ma io lo sento freddo anche quando offre del tè e mi guarda con le braccia incrociate sorridendo, come dire, racconta un po' la vitaccia che fai. Ma io non apro bocca, non ci riesco. Lui dice che mi trova sciupato, l'altro, il ballerino, non dice nulla, poi alla prima parola che gli esce capisco che è uno straniero perché col Dilo se la menano in inglese. Dilo dice che ha avuto notizie dal Gigi, che se n'è tornato a Correggio e che con l'Anna hanno rotto e che non sapeva dove trovarti. Ma io voglio parlare d'altro e anche se la faccenda del Gigi mi stupisce, mi sento solo di fare all'amore con un uomo e soprattutto con Dilo che da quando l'ho lasciato un anno e piú fa, non l'ho potuto fare con nessuno. Ma poi la svoglia mi prende perché capisco che non c'è piú nulla da fare e quando un amore finisce, finisce sul serio e non ci sono pezze o nostalgie che lo possano togliere dal sepolcro. Purtroppo.

Sul treno di ritorno per Reggio di fronte c'è un ragazzo sui venticinque che mi guarda e ogni tanto sorride e quando a Modena gli altri dello scompartimento scendono, si alza di scatto, chiude il separé e abbassa le tendine e dice che cosí si è piú tranquilli. Poi allarga le gambe e mi guarda. Abbasso gli occhi e mi volto indifferente verso il finestrino e conto le teste delle persone che sostano sui binari. Ma il cuore palpita e anche il sesso e perdio la fortuna che tutti capiscono che sono finocchio anche 'sto stronzo. E lo stronzo mi tocca la gamba e fa piedino che quasi rido e grido brutto puttaniere che cazzo vuoi? Ma poi non lo dico perché sarebbe veramente un controsenso e anche se lui non c'ha molta verve non gli ci vuole molto a dire apri il culo e io sblat. Non appena il treno s'avvia cambia posizione e si mette al mio fianco e mi tocca la coscia con la mano. Al cesso c'è puzza e fa freddo e la luce è livida e scolora come sotto il tavolo di un chirurgo e lui tira fuori la sua anatomia e la sbatte in faccia e dice fammi un pompino e io lo prendo in mano e in bocca e gli stringo le cosce e mi faccio chiavare in bocca ma lui poi mi distacca e dice voltati e io mi volto e lo mette dentro tutto e mi brucia, ma vengo e viene anche lui dicendo ce l'hai cosí tenero che sembra una figa e io mi volto sudato e gli dico la gente come te serve solo a far pompini brutto idiota e lui prende a scazzottare e a dire scemate ma io non l'ascolto, non posso, perché penso a Dilo, caro Dilo ora sí che t'ho fatto finire.

Al Posto Ristoro della stazione di Reggio bevo quattro fernet di fila poi mi metto a fare lo stop verso casa e arrivo che è notte, suono dal Gigi, è lí, ci abbracciamo e "Siamo ancora insieme, vero?"

Agosto trascorre lento, solo, la notte a girare per la campagna e contare i pioppi sugli argini e bere. Il Gigi ora starà dormendo, la mia scommessa è persa. Non importa... Sulla mia terra, semplicemente ciò che sono mi aiuterà a vivere.

Senso contrario

Sulla terrazza del BOWLING una sera noiosa e ubriaca, bere martini uno dietro l'altro prima vodka e poi gin, sentire le chiacchiere di un tizio sballato che ne ha passate di tutti i colori perseguitato com'è da un Burberrys chiaro. Una serata davvero vuota, le olive finiscono, il tizio che impreca e bestemmia e non gli basta scaricare la rabbia sui birilli, no deve pure rompere le palle.

Guardo dalla vetrata di cristallo la città stretta nella notte. Oltre il cavalcavia le luci della stazione, di lato invece la piccola palestra di karatè, ci lavoro un pomeriggio su due, tenere in ordine i registri dei corsi, spazzolare la moquette, strusciare le piastrelle dei bagni, controllare le serrature degli armadietti nello spogliatoio, centocarte al mese. Davanti la piazza con la filovia, le pensiline, la gente che aspetta battendo i tacchi.

Specchio il mio viso affaticato e sudato, appena terminata la partita del Torneo Amatori, persa per un soffio cazzo, due birilli. Poi capita al bar Ruby e si vede subito che cerca la mia faccia in mezzo alla gente, perché non appena mi scorge gli si illumina il sorriso e non sembra piú tetro come quando è entrato. Cosí si avvicina e fa ciao toccandomi sulla spalla e dice in un orecchio vieni, ho voglia di stare con te. Lo guardo, penso mi mancava proprio stanotte un cesto di braccia in cui rannicchiarmi, dico di sí, hai fatto bene Ruby a venirmi a cercare, va be' dimmi dove andiamo.

Ruby ha ventisei anni, mi fa da fratello maggiore in serate come questa, non lo conosco da molto, ci siamo incontrati a un concerto rock, me l'hanno presentato, non sapevo fosse frocio cosí a prima vista tutti gli attributi del maschio pieno di sborra, la barba arruffata che s'attorciglia sul petto, la piega delle chiappe soda e muschiosa, un cazzo che esplode dai jeans ad ogni passo, certo che non l'avrei mai detto non credevo che un frocio potesse parlare solo in dialetto e fare il delinquente, no, e certo che incula bene, mi mi piace starmene con lui a sonnecchiare, mi protegge, mi rannicchio nel sudore delle ascelle, ma una volta al mese non di piú, in fondo è monotono ha la scopata drammatica, recita urla, non ha gran talento, il suo cazzo è l'unico ad avere talento, stasera, stanotte lo vedremo.

Ha lasciato la sua seicento lungo il piazzale coi fari accesi tanto era sicuro di rimorchiarmi. Salgo su, be' hai pensato allora dove andare? Risponde che mi vuole godere un poco, ci si vede cosí di rado, e insomma ho pensato a un pasto godereccio a Montericco, sopra Reggio dove si beve dell'ottimo chianti a caraffe e si mangiano verdure ai ferri e buone granaglie. Cosí dico che va bene, che per me è tutto ok, che un pasto decente non lo rifiuto mica, altroché.

Accendiamo lo stereo, vale piú quella cassettina nera lí che dieci seicento messe insieme, ascoltiamo gli effemme. Infiliamo poi la strada per lo Stadio e dopo passiamo a lato dell'Arcispedale; la via corre dritta fra le colline ora anche a Canali dove stanno i milionari e ci bazzica ancora gente che conoscevo, ognitanto. Poi dico ho voglia di uno spino, perché so che il Ruby ne ha sempre piene le tasche e infatti ridacchia attendi un minutino *putél*, passato l'incrocio. Dopo senza indicare la direzione con la freccia, svolta verso il fosso a lato e si stoppa, cosí di brutto. Esce, cazzo, proprio ora deve pisciare, ehi Ruby non metterci tanto, sgrilla presto, cazzo. Mi accendo la sigaretta e mentre sto trappolando con la radio sento tutto un frrrr-frrr e un grattare attorno alla macchina e sferragliare sotto al cofano, diomio la concorrenza di altri ladri, ma invece è Ruby che s'accanisce disteso in terra e cerca un sacchettino di cellophane che dopo porta in macchina ruttando trionfante. A me mi piglia una gran fifa perché oltre a una stecca di merda da cinebrivido c'ha anche tante bustine di neve e accidenti a lui se qui ci fermano ci sbattono in galera per il resto della nostra vita, kaputt. Soprattutto il Ruby schedato e condizionato come si ritrova che a rubare un pollo si farebbe dieci anni filati e se ora è fuori è solo grazie all'amnistia del presidente galantuomo, viva il presidente. Cosí la fifa al culo si fa sempre piú impellente e arriva un battito di paranoia, subito volato via non appena si scalda il fumo e l'odore è proprio buono.

Ruby ha una pipa speciale per queste cose e se l'è fatta da solo come un narghilé da taschino, cioè ha preso dei tubicini di plastica e li ha inseriti lungo la canna della pipa, uno in alto e uno piú vicino al bocchino. Poi li ha infilati, nell'estremità libera, in un vasettino di ansiolin e, attenti al prodigio! pieno d'acqua. Cosí il fumo viene deviato nel primo tubicino, transita per l'ansiolin, si raffredda, torna su nell'altro eppoi in panza nostra, olé. La droga prende bene e subito e comincia dalle gambe e poi sale sale e prende lo stomaco che ti senti come dopo un pranzo di famiglia e poi la testa e finalmente sballi e allora son tutte rose e fiori, davvero, no problem no cry.

Guardo tranquillamente fuori dal finestrino abbassato, ho il braccio penzoloni e quasi tocco terra, ma quando me ne accorgo lo tiro su e il gioco è fatto. Ruby canticchia e allunga la mano fra le mie gambe e mi stoccazza, io lascio fare che mi piace creare intimità, però poi gli dico di pazientare un po' che non mi va che mi spari una sega cosí alla malandrina. La sera è limpida e tirata a lucido e stringendo gli occhi è possibile vedere lontano giú fino a Reggio con le sue luci gialle e azzurre e in fondo, dalla parte opposta, la sequenza gradevole delle montagne una a ridosso dell'altra come s'ingroppassero e anche se ormai è notte si distingue il vertice del Cusna e il Ventasso e il Cavalbianco che bambino scorrazzavo in lungo e in largo perché amavo la montagna e soprattutto quella poca libertà che però sembrava allora tanta tanta, piú di cosí non se ne può. Attorno a noi invece le colline che paiono intatte in quest'oscurità, ma basterebbe un raggio di luce piú intenso, la doppia wu di Cassiopea piú vicina e a quel punto mortale apparirebbe il loro grembo squarciato dagli speculatori delle ceramiche piombate, operai con la vescica incancrenita, bambinetti coi polmoni già distrutti e incatramati dalle scorie, grrrr.

Intanto abbiamo imboccato una stradicciola in salita un poco oltre Albinea e la carcassa della seicento traballa come c'avesse la scossa su per quei tornanti di ghiaia. Dura poco, al fine le nostre gomme scricchiolano neorealisticamente sulla piazzola di sosta.

Apro lo sportello e il fumo esce, sembra una mongolfiera che si svuota, siamo già belli e suonati tutti e due. Mi getto su Ruby, lo abbraccio nel tentativo di reggermi in piedi e poi ce la passiamo forte in bocca e sento quel suo buon puzzo di whisky che è uno scioglimento, giammai non resisterò a labbra umide di whisky, ahimè, però come hai fatto bene a venirmi a cercare amico mio.

L'osteria è una vecchia casa di montanari che poveretti sono scesi a lavorare l'argilla piombata che già sapete, e nella stalla hanno ricavato una taverna con tutto attorno l'intonaco grezzo, ci si può neanche appoggiare accidenti, ti buca tutto. Ci sediamo allora sulle botti che fan da seggiolini e ordiniamo da bere e da mangiare, intanto ci facciamo fuori la tazza ripiena di popcorn che sta lí sull'altra botte-tavolino a dire siate i benvenuti.

C'è altra gente, piú o meno i soliti fauni che s'incontrano in questi anni di rincoglionimento generale, però belli e vivibili né piú né meno degli altri. Piuttosto non ci sono vecchi come ancora in molte osterie della bassa Reggio che li vedi coi loro toscani biascicati fino all'inverosimile e appiccicati all'angolo delle labbra che nemmeno uno sbadiglio sboccalato riuscirebbe a far cadere, sempre pronti a ricordare e canticchiare, una volta avviati non si fermano piú. Se ne stanno scomparendo anche loro insieme ai prezzibassi, alle tovaglie di plastica, ai muri scrostati e caliginosi, però ci si può almeno appoggiare. Restano in pochi qua e là e quando li si incontra è un indefinibile trapasso d'esperienza che capita, un attimo di comunicazione, quella vera, persino ardente e si rimane poi lí tutta la notte a menarsela su e giú dagli anni, avanti e indietro nel tempo in una bella confusione che però è la storia viva e anche storianostra. Ma qui non ce n'è e noi si continua a bere e parlottare finché non arriva un ragazzetto e chiede se c'abbiamo del fumo. Ci guardiamo in faccia prima di rispondere e poi lo facciamo insieme, ci siamo capiti, Ruby dice no, e io sí. Cazzo! Cosí il ragazzino sta a fissarci, insomma ne avete o non ne avete? E io ribadisco il mio sí e Ruby il suo no, allora alzo la voce, Ruby non fare la pella! Se ne va bestemmiando a prenderlo, io strizzo l'occhio al ragazzino, cosí si fa.

Si chiama Lucio questo pupazzetto, ha una

voce gracchia, fa apprezzamenti sul Ruby, lo conosce bene lui e anche quelli del suo giro lo conoscono, perché il Ruby gliene ha date tante di bustine gratis, cioè solo per un pompino. E ridacchia e chiede se ce n'è di quella roba lí e io dico ce n'è, ma non basta mica che lui ti succhia il cazzo, che credi? Se vuoi venire con noi ci vieni a letto. Allora guarda storto, l'ho ammazzato il furfantello l'ho stracciato, poi alza gli occhi e dice non mi chiedi mica una grande novità, per cui savà, savà. Dopo se ne torna al suo tavolo e quando Ruby rientra gli dico che bella roba ho combinato cazzo, lui se la prende e dice che a fare marchette ci va senza il mio interessamento, cioè io voglio stare con te che mi frega di quello lí? Ma io racconto tutto imbriacato di quello che si potrebbe combinare in tre e dico porcate e maialate e la cosa mi prende, mi appassiona, piú bevo e piú c'ho voglia e guardo Lucio che sorride anche lui povera bestia e batte i tacchetti che si vuole sbrigare al piú presto. Ma noi ancora dobbiamo far fuori il secondo e bere almeno un altro litro di chianti e poi del fernet che ci si risollevi un poco, almeno lo stomaco. Ruby paga poi tutto lui, usciamo sulla veranda, si vede il castello, sul picco della collina di fronte, a guardia della valle con tutte le sue luci colorate, perché è una balera e non ci si può entrare prima dei trentanni, cosí almeno dice Ruby, nessuno c'ha venti carte da sputtanare solo per entrare in quel trojajo lí. Sulla veranda ci sediamo con le gambe penzoloni e ci facciamo una sveltina, di fumo che credete? cioè come dire uno svuotino con l'emmesse. Lucio ci raggiunge, dice dove cazzo vi siete cacciati. Ruby risponde sgarbato. Comunque siamo pronti a scendere dalla collina verso il lupanare.

Non appena vede la seicento carcassona il moretto piagnucola e dice di volere stare davanti sennò ci vomita tutto addosso, cinquemila di conto letteralmente in merda. Va dove vuoi faccio, non mi frega mica niente a me stare aggruppato come un abortino, mi va bene cosí.

Ruby scende i primi tornanti in folle e io comincio a bestemmiare, se ci molla il freno voliamo dritti filati a Reggio, ma lui niente, se ne sbatte dei miei timori, ride e grida olé dal finestrino e ne infila uno nell'altro, oo-ooo-oolé fuori due! si rattrappisce attorno al volante, si curva tutto anche lui come un timone e sghignazza, piantala di fare il matador, cazzo! Finalmente arriviamo in falsopiano, in fondo luccica lo STOP della provinciale, penso attaccherà il motore, frenerà accidenti, ma Ruby nulla di tutto questo, ride ride e pure il riccioletto ride, e la seicento corre come una maledizione verso il giallo io stringo gli occhi e dico frena, frena accidenti, e Ruby fa wooowwwww, ficca dentro la terza, un'impennata, tutto un rumore e vibrazioni e grancasino che la carcassa sembra dovere fare splut splut da un istante all'altro. Ma all'incrocio tutto bene, mi sciolgo un poco. Ad Albinea Ruby non s'arresta a uno stop, passa dritto con le mani inchiodate al volante e la zucca riversa all'indietro verso di me aaaggghhh! E io per carità Ruby mi fai crepare stacci attento! E anche Lucio capisce che questo qui non c'ha piú senno e raffica una sequela di madonne che tutto il paradiso arrossirebbe per cent'anni. La carcassa è lanciata come uno sputnik, sembra si facciano i duecento mica gli ottanta, e dieci chilometri piú avanti al semaforo fermo sul rosso Ruby finge di arrestarsi, scala in seconda, il motore ha un'impennata da scalzarci fuori, la lamiera tossisce, poi getta la terza e riparte e giú a ridere, anche io, si sta bene cosí sballati, neanche paura. Ridacchio e dico Ruby mi fai morire, però lo dico come dicessi mi fai godere.

Abbiamo acceso lo stereo, massimo del volume naturalmente, e urliamo la miusic che salta fuori e passiamo per un qualche centro abitato con gli abbaglianti accesi che la gente esce fuori dai bar e applaude, evviva, passa il cantagiro. E siamo tutti contenti e scannati che ci diamo anche cazzottini sulle spalle e io m'attacco al collo del Ruby e gli faccio un succhiotto ridendo, che mi dice sembro proprio Nosferatu. Dopo s'avverte un suono come di una sirena, mi volto e vedo dal lunotto un faro azzurro che lampeggia, ostia la pula! Ma Lucio dice che sono i Vigilantes panzoni e che ha visto la loro Ford un trecento metri prima e anche Ruby controlla nel retrovisore e li inquadra giusti giusti e allora stacca una bestemmia e dice porcodio questi fascisti, ammazza 'sti sceriffi, ma di che cazzo s'impicciano, che cazzo vogliono questi tutori scassati della fobia collettiva che non fanno altro che snidare coppiette nei campi e fare i sadici e i coglioni a chiedere documenti a tutti, anche a me 'sti pistoleri di merda m'hanno fermato, brutti stronzi che si credono nella prateria, che l'inferno se li cucchi e se li ciucci accidenti a loro! Io continuo a tenere sotto controllo la situazione e urlo, i gringos sono alle calcagna cazzo! e fai qualcosa diosanto, ma quel che Ruby può fare è solo spegnere i fari, sfigato lui, la macchina di Zerozerosette, ah se gliel'avessimo che goduria! Scrasch scrasch due missiloni nel culo e loro BUUUUM! spariti scoppiati, ah che goduria!

Il frastuono del motore tirato al massimo e le vibrazioni non ci fanno piú parlare e cosí ognuno grida per conto suo e non si capisce un cazzo di quello che blateriamo. Lucio lo vedo che piagnucola e trema e c'ha la cagarella. Io dico le distanze come uno scorer su Lancia Stratos: centocinquanta, cento, ottanta, settanta ci sono ormai addosso e lancia il razzo diocane, dai! Ma Ruby non capisce e io strattono Lucio e gli grido nell'orecchio tieni aperti i tubi e passa al Ruby quel che ti dico cazzo che lui non si può voltare povero cristo, e renditi almeno utile! Ma lui s'incazza duro e si mette a tremare tanto che lo devo tenere fermo e lui grida mettetemi giú mettetemi giú, neanche c'avessimo il seggiolino volante, povero idiota. Intanto loro ci sono ormai addosso e il nostro vantaggio si assottiglia e io dico accidenti qui ci prendono la targa e primaoppoi ci chiamano in questura, ma Ruby tranquillizza, è rubata è rubata, niente problemi, solo seminarli, cosí che mi prende un colpo e in galera mi ci vedo digià.

Ormai abbiamo raggiunto il rettilineo e fra poco si entrerà in Reggio da Santa Maria orapronobis! se riusciamo a mollarli lí è fatta, ma con la nostra fuoriserie sputafuoco ci vorrebbe almeno Goldrake, via piú veloce della luce!! Quelli dietro sempre col faro addosso che oramai ci hanno fatto la polaroid e buona notte al secchio. Arriviamo al semaforo con un distacco ridotto veramente al minimo, dieci quindici metri. È rosso. Sospiro. Ruby si butta a pesce nell'incrocio, è l'ultima occasione, lo sappiamo tutti e tre o la va o la spacca, cazzo! Cosí stringiamo gli occhi e il cuore in mano e tratteniamo il respiro per l'apnea di quell'incrocio da attraversare che sembra lungo come un'autostrada. Ma nel mezzo, nessuno. Il clacson, il lampeggio degli abbaglianti e il casino arrestano una Dyane rossa con quattro scalmanate sopra, a un paio di metri eppoi subito all'uscita un camion passa davanti come una diapositiva nera, un attimo di buio, ma poi siamo subito di là e il faro azzurro invece ancora dietro. A luci spente ci inoltriamo in un vicolo e facciamo all'incontrario sensi unici e divieti di transito, poi finalmente sicuri arrestiamo la macchina dall'altra parte della città, in periferia, dietro il campovolo. Scendiamo. Ma non c'è tempo per riposarsi un poco. Ruby comincia a smontare quello che si può ancora recuperare, lo stereo e altra roba. Lucio ed io strappiamo la targa e la gettiamo nel prato incolto. Facciamo tre chilometri a piedi e in silenzio, dopo raggiungiamo la casa del Ruby.

Sudiamo abbondantemente, si vede dalle nostre facce non appena ci gettiamo sul letto. Lucio prende a dire che vuole subito quello che gli si era promesso e anche il doppio perché la fifa che deve smaltire non la caccia mica via con un quartino solo. Ruby è attaccato alla bottiglia di whisky, non risponde. L'altro alza la voce svegliando dal rintontimento anche me. Ruby prende una fiala di morfina e gli dice tieni questa e non rompere il cazzo, e lui s'incazza e urla che questa è roba da fradici e che i patti erano una pera... poi capisce la faccenda, si butta dentro quello che c'è e cosí sia. Io mi affianco a Ruby, mi passa da bere, ho una voglia terribile di toccare qualcuno...

...Mi sveglio nel pieno della notte, l'orologio segna le tre e un quarto guardo il corpo nudo di Ruby il suo cazzo ammosciato il suo torace l'altro è riverso a pancia in giú non mi piacciono granché le sue cosce torno a letto non riesco a chiudere gli occhi penso e ripenso rumino e rigurgito che sia sul serio fuori? Bacio la guancia pungente di Ruby scendo dal letto vado a pisciare mi vesto esco di casa c'è freddo ormai sono le cinque da un po' cammino nella città deserta respiro e cammino. Incontro uno spazzino in piazza mi dà da fumare anche da bere dal bottiglione di folonari. Mi metto verso casa in attesa di un passaggio o della prima corsa dell'autobus di linea accendo la sigaretta ho la lingua gonfia un sapore disgustoso in bocca mi bruciano gli occhi mi sento meno che uno straccio. Ormai la luce è forte salgo sull'autobus non ho soldi, mendico dai pochi passeggeri mi siedo guardo dal finestrino la città perdersi nella periferia la campagna sfilare... Sento come mi fosse improvvisamente cresciuto dentro un vuoto enorme.

Altri libertini

E verrà ormai il Natale, anche quest'anno, già da tempo fervono i preparativi per la settimana sulle Dolomiti, a casa dell'Annacarla, e le ricerche dei pacchidono e di tutte le cianfrusaglie colorate dell'occasione, il Tolkien's Calendar, le agende in seta di Franco Maria Ricci, i tabacchi Dunhill per la pipa e anche quel poco di Laurent Perrier che si riesce a fare su stiracchiando il prezzo dai grossisti, cioè sette carte alla bottiglia.

Però col Natale viene anche l'anno nuovo, si deve chiudere la vecchia amministrazione, pagare il canone e il bollo e l'assicurazione e le altre porcherie, anche all'università. E a Bologna in questi ultimi giorni c'è gran casino, tutta la folla incazzata dei ritardatari coi piani di studio da consegnare e gli attestati di frequenza e il rinvio del militare, perché poi non c'è piú tempo e anche le agenzie pirata non accettano piú commesse, per cui ci si deve sbrigare da soli, fare ore di sosta e attesa e di bestemmie e poi finalmente guadagnare il portellino, sbattere giú gli incartamenti e dopo correre in stazione a ciuffare il treno, nemmeno il tempo di bersi un cioccolato da Zanarini o farsi il Pavaglione in santa pace ora che appunto le vetrine sono stracolme di bellaroba, ma davvero. E cosí sempre di corsa su e giú dall'autobus e dai treni e dai pullman per tornare in questo cesso di paese staccato dal resto del mondo e per fortuna che sono giorni belli, senza nebbia che altrimenti tornerebbe l'isolamento assoluto e sai che bella gioia starsene in quarantena coi paesani. Ma finalmente è finita, è finita con le resse e le strafile e le code agli sportelli. Affanculo ora con tutto, bisogna soltanto aspettare Natale che almeno per un po' ce ne andremo via.

Ci troviamo ogni sera al bar dell'Emily Sporting Club che è sotto al pallone pressostatico della piscina che cosí d'inverno diventa coperta mentre in estate rimane all'aperto in mezzo a tutti quei pratolini fioriti. Lí siamo sempre in sette otto a sbevazzare e dir cazzate e dare calcinculo al tempo che c'ha proprio solo bisogno d'esser cosí strapazzato per avanzare con un tantino appena di brio. Siamo sempre i soliti assatanati che ci conosciamo da quando eravamo bambinetti e già all'asilo ne avevamo pieni i coglioni gli uni degli altri. Insieme comunque abbiamo frequentato le scuole materne, le elementari e poi le medie, anche le superiori e dulcis in fine tutti nello stesso ateneo bolognese, anche quei paraculi del Vincenzo Manfredini o dell'Alfredo Canerelli che potevano benissimo frequentare giurisprudenza a Modena, ma gli anni che passano qui legano, ma legano tanto che son venuti a Bologna anche loro, cosí per non dimenticarsi le nostre facce. Dopo ci sono la Ileana Bertelli che però la chiamiamo tutti quanti Ela e Annacarla Pellacani che qui è digià stata presentata come padrona dell'appartamento in Val Badia, e anche Raffaella Martellini che è cicciona e sta sempre a mangiarsi cioccolata ed è un poco spaccaballe perché fuma a scrocco e mangia di continuo e ci ha dei capelli lunghissimi a riccioloni che noi diciamo si fa i bigodini con le cicche delle multifilter la sera quando è a letto che si legge *Cime Tempestose*, fumando naturalmente due pacchetti di roba e infilandosi i mozziconi addosso perché di posacenere non ne ha. Di donne, basta. C'è un altro ragazzo che si chiama Vittorio Martellini, il fratello della cicciolona, ma non si vede quasi mai allo Sporting, non lo so proprio il perché. Infine ci stanno un paio di busone e una si chiama Miro, l'altra son io.

Succede che un pomeriggio di questi, verso sera, capita al bar dello Sporting dove tutti siamo rintanati, un gran figone, alto e bello, tutto biondazzurro e colorato che si siede e ordina un drinkaccio. Avrà sí e no i nostri ventidue anni e si vede anche di lontano che è un figlio della buona razza dei maschi trionfatori, lo si vede per come cammina, con il passo da conquistatore e il suo incedere sprezzante che dice bellefighe rottinculi son qua io, niente paura ce n'è per tutti. E invece sembra proprio che per tutti non ci sia assolutamente un briciolo, perché il Miro gli si fa incontro e comincia a cicalare con la sua parlantina scivolosa che noi si capisce che il primo passo dell'intorto è cominciato, anch'io lo capisco dal mio sgabello e un po' mi dispero perché io non sono mica una checca della gran razza del Miro che coi numeri che c'ha si può fare Keith Carradine su un piede solo e senza scomporsi tanto nel far filo, oppure Burt Reynolds con gli occhi chiusi e Miguel Bosé per traverso e per rovescio, no, io sono di quell'altra razza di checchine schifiltose e piagnone che finiscono sempre, mannaggia a noi, a far intorto ai bambinetti e rischiare anni di prigione se va bene, altrimenti bastonate e legnate sul groppone e non solo mica lí. Ve lo garantisco. Comunque il Miro prende a fare il paraculo intorno a questo e io sento che gli dice persino vieni a casa mia per questi giorni che ti fermi e balle varie. Eppoi se la svignano insieme e prima di uscire dalla portaoblò il Miro dice a me "paga tu anche per l'Andrea" si dà un colpo al culo e oplà se ne va. Le altre che erano in piscina a nuotare vengon su come ranocchie quando c'è lunapiena e cominciano a far domande e starnazzare e chiedere chi era quello lí che me lo sbatterei sul tavolo, senza tanti complimenti e cosí via, tanto che io m'incazzo e vado fuori e dico belle mie, è il Miro che se lo gode, chiudete pure tutte in coro le passerine, sblat! Però loro mi inseguono fino a casa l'Annacarla, la Ela e la Raffy cicciolona cosicché son costretto a raccontare chi era quello là e ci prendo gusto perché racconto un sacco di balle e loro che bevono come delle assatanate. Dopocena si va poi al cinema che danno *Sebastiane* per mio diretto interessamento, un mese di telefonate al gestore mi son fatto, e ci divertiamo a sentir parlare latino soprattutto io che proprio non reggo la sequenza del martirio e mi vengo addosso come un pippaiolo, ma questa è un'altra storia, che non racconterò.

Il mistero attorno allo straniero resiste, non si sbreccia nemmeno nei giorni seguenti. Noi non si capisce proprio come il Miro faccia a starsene in casa e non rispondere al telefono e nemmeno al portone d'ingresso; non lo si capisce mica tanto come da un giorno all'altro si sia messo in testa di non farsi piú vedere nemmeno all'ora dell'aperitivo o la sera allo Sporting, come fosse la cosa piú semplice di questo porcaccio mondo smettere le abitudini. Eppure nessuno è riuscito a rintracciarlo, tanto che dopo un po' si pensa abbia preso il volo e noi ad augurarci che precipiti al piú presto.

La sera stessa di tutti quei fumamenti di testa e cogitazioni e fatture intorno al Miro ce lo vediamo sbucare davanti in compagnia della Walchiria, ci tiriamo su con la vita, finalmente è tornato da noi a raccontare. Però quel che racconta sottovoce non è cosa gradevole, cioè due giorni di intorto per non beccare un cazzo, ahimè. E dice pure che l'Andrea non si dà, non si dà porcaputtana e che ce le ha messe tutte per farsi far su, ma quello irremovibile duro come un sasso, cioè moscio moscio perché proprio il Miro non gli tira "pensa un bel ragazzo come me snobbato dal primo lombardo che capita tra le chiappe e vedi anche tu Chicca mia che quello si guarda le ragazze come le dovesse sbranare e fa tutte moine da granfiga perché non ci vuole mica tanto a capire che loro, le troje, lo puntano e se lo farebbero anche in apnea, anzi se lo cuccano digià là sotto, ostia non vedi che non tornano piú su ostia ci annegano sotto agli occhi la malora!"

Però poi tornano tutti a galla, la Fla l'Annacarla e l'Andrea e anche la Raffy col suo chewingum impermeabile, tanto per sgranocchiare qualcosa anche lí sotto. E il Miro riprende la tiritera e dice che l'Andrea fa il fotografo ed è arrivato quaggiú per un servizio sulle cascine e le viuzze d'Emilia, che due maroni, e che a tavola è una cosa insopportabile che si vorrebbe fare tutti i piatti emiliani dai tortelli di zucca a quelli d'erba, ai tortellini di carne alle fettuccine gialle e verdi al ragú naturalmente eppoi le lasagne al forno con la besciamella che ha assaggiato tante di quelle volte ma che gli piacciono ancora moltissimo e per la miseria non l'hanno stufato neanche un po'. E la fatica a fargli assaggiare il cous-cous e il kascha fritto nel tamari e le alghe kombu in insalata e il nituké di carotine e tuttequante le cose biologiche, ma lui niente, irremovibile anzi ha detto che se io m'ostino a voler mangiare quelle porcherie lui se ne sarebbe andato all'osteria e io "vai vai all'osteria sporco turista di merda, vaqueros dei miei stivali" ma cosa vuole questo lombardo Chicca mia accidenti a lui. E questa è stata la prima sera, quando l'ho abbordato che c'eri anche tu. Se ne è uscito all'osteria ed è tornato imbriacato. Io lo ospito volentieri che non si sa mai quel che può succedere ma un po' mi sta rompendo il cazzo con tutte queste manie folkloriche che quasi gli chiamo su il coro di New Mondina Centroradio e glielo butto in pasto, poi vede se si diverte ancora. Ma in fondo penso che lui abbia voglia soprattutto di donne purtroppo, questo l'ho capito un po' tardi però l'ho capito. Guarda solo come si divertono questi etero di merda e ognitanto lo vedi anche te che l'Andrea guarda qua e sembra salutarmi, ma io non ci credo, ripete sempre la stessa cosa e sfotte, come se non lo sapessi anch'io dannato me che le ragazze han fascino. Imbecille di Andrea, lo so, lo so, porcaeva lo so, che anche la figa ha il suo fascino...

La notte la facciamo poi dall'Annacarla, nella sua soffitta di Piazza Bonifazio Asioli dove in questi anni ci si è sempre ritrovati a tirar mattino tanto da farla diventare un'istituzione del giro nostro, un po' come lo Sporting. E in quelle stanze piene di spot arancioni e paralumi violacei è successo un po' di tutto e non c'è nessun fricchettino che sia passato da queste parti che non abbia trovato ospitalità tra gli Oscar Mondadori sparsi qua e là e tutt'intera la collezione dei Classici dell'Arte Rizzoli impilata come pronta alla rivendita tra la collana grigiobianca di Psicologia e Psicoanalisi di Feltrinelli, gli Strumenti Critici Einaudiani e quelli di Marsilio e di Savelli un po' bistrattati in seconda fila accanto alle Edizioni Mediterranee e alla Biblioteca Blu e ai Centopagine e ai rari Squilibri, troppo pericolosamente accanto agli Adelphi e ai Guanda civettosamente sparsi accanto ai beveraggi; e non c'è stato nessun precario capitato quaggiú a settembre a vendemmiare che non si sia stonato di tutti quegli incensi Made in India sempre accesi e sparsi, dai secchissimi bastoncini Musk di Lord Shiva agli aromi primaverili dei Bouquet dei Three Birds e a quelli Agarbatti cioè Jasmine, Patchouly, Rose, Amber, Violet, Chameli, Lotus, Mogra e quegli altri cofanetti sparsi del Panda Brand Incense ancora Ambergris e Jasmine, eppoi Sandal Wood e Cypre vicini quasi a confondersi coi sottilissimi Meigui Xiang, Tan Xiang, Tisian Tsang altri bastoncini fragili e sottili e puzzolenti anche dalle loro scatole cellophanate come quelli impastati al talco, i tibetani Wing Tun Fook pestilenziali davvero, insomma non c'è stato nessuno che una volta uscito da quelle stanze coi bracieri accesi senza soluzione di continuità non abbia stramaledetto quegli odori, cosí come non c'è stato nessun intellettuale della nostra provincia che qui non sia venuto a rovistare fra le centinaia di dischi e la selva dei posters e manifesti e gigantografie accatastate e usate come seggiole, oppure appesi alle pareti assieme alle sete e ai tappetini di cammello, come la foto di Carlos e Smith ancora riconoscibili all'Azteca di Città del Messico col pugno alzato e guantato di nero sul podio della premiazione, un gagliardetto dell'UCLA accanto a Mark Frechette e Daria Halprin spersi nel boro di Zabriskie Point e appena distinguibili sotto altri manifesti i capelli zazzeruti di Pierre Clementi nei Cannibali di Liliana

Cavani, il viso spigoloso di Murray Head a confronto col pacato Peter Finch in Sunday, Bloody Sunday e appena la scritta Al Pacino in Panico a Needle Park e un guantone di Fat City e la città frontiera di The Last Picture Show, il ciuffo di Yves Beneyton nei Pugni in Tasca, quello di Giulio Brogi in La Città del Sole, Sotto il segno dello Scorpione, l'Invenzione di Morel e anche una foto di scena di John Mulder Brown che abbraccia la sagoma di Jane Asher nella piscina di Deep End e un'altra di Taking Off, una di Joe Hill, una delle Quattro Notti di un Sognatore che lambisce il viso di Hiram Keller nel Satyricon di Fellini che un po' si confonde con le locandine del Fantasma del Palcoscenico e quelle di The Rocky Horror Picture Show e sopra due disegni di Ronald Tolkien comprati da Foyles dignitosamente rivestiti di vetro come il piccolo Escher e le fotografie che riempiono tuttaquanta la parete e per la maggior parte autografate come quella di Francesco Guccini, di Peter Gabriel, di Marco Ferreri ritratto per le giornate del cinema italiano il due di settembre del settantatré, Annacarla coi capelli sciolti e le spalle nude, Ferreri con una camicia bordata di pizzo sul davanti e poi ritratti scattati qua e là a convegni e simposi e seminari e convivi, giornate rassegne e dibattiti a cui nessuno in questi anni si è sottratto... cosí nella mansarda ci prepariamo a far un cenone che qualcuno ha portato una stecca di fumo da Bologna e non bisogna mica farla invecchiare quella roba. Cosí ci facciamo uno spino e l'antipasto col prosciutto, poi un cilum e gli spaghetti biologici conditi con la verdura bleah, eppoi una pipata e un bicchiere di vino. Prima della carne in scatola una fumatina tanto per non trascurare il ritmo e alla fine insieme ai dolcetti della Raffy un ultimo joint avanti dello svacco di là, nell'altra stanza che vi ho già detto, a sentirci vecchiaroba ma ottima dei Jefferson Airplaine e Soft Machine, qualcosina del Gong e degli Strawbs e qualcos'altro di Lou Reed tanto per non scontentare il Miro. Poi altri spinelli assieme a Trespass dei Genesis che tutti noi ricordiamo a Reggio Emilia che eravamo quindicenni o poco piú e anche se capivamo ben poco di musica ci piaceva la gente colorata e chiassosa, certo piaceva perché si trovava sempre un hippetto con cui limonare nelle gallerie del Palasport o fare intorto e cicaleccio nei sottopassaggi. E qui nella stanza passiamo la mezzanotte però non c'è molta calma e tranquillità, l'Andrea non sta fermo un istante e sembra fiutare le ragazze tutte quante e il Miro sempre dietro a quattro zampe sulla moquette a tenerlo buono. Poi si capisce che di tutto quell'annusamento la Ela è la beneficiaria perché l'Andrea pianta la cuccia proprio addosso a lei e si mettono a pomiciare spudoratamente sotto l'abat-jour e tutti quanti li vediamo senza alcuna fatica, basta alzare gli occhi e te li trovi intrecciati lí, lunghi e distesi. Cosí cresce tensione e aumenta il voltaggio della serata tanto che poi si vede, altroché se si vede crescere la corrente, è tutto diventato uno sprizzar scintille, il Miro che frigge luminoso e incazzato nel suo angolo solitario e l'Annacarla che fa lo stesso, ancor piú offesa da padrona di casa cosí malcagata, insomma tutta un cacciar faville dagli occhi, dai capelli, dalle mani e anche dai denti.

Poi quando Raffy mette sul piatto Bob Marley e nessuno riesce piú a star fermo loro i gabbati prendono l'occasione al balzo per ritirarsi a testa alta e ritmo di vudú. Difatti ci passano al fianco fieri e incazzati come due leonesse e scompaiono nell'altra stanza a confabulare.

Che avran poi da dirsi noi ce lo immaginiamo senza tanta fatica, è solo una questione di far combaciare i punti di vista per togliere Andrea dalle braccia della Ela e riportarlo in gioco. Insomma una questione di trame e intrighi per cuccarsi il bel lombardo, senza alcuna esclusione di colpi. Perché si sa che dalla Ela gli uomini possono anche morirci perché è una bella figa, questo è innegabile, lo ammette persino l'Annacarla che però si dice Granfiga e i maschi li usa per sbattere e morta lí, mica come la Ela che gli uomini li vuole fare innamorare. E c'è sempre guerra tra le due e sempre si trovano un Gran Lombardo sulla strada come l'anno addietro con quello di Stresa che ha iniziato lei, ma poi la Ela lo ha fatto coinvolgere e allora amen. E ora che un altro affascinante barbaro è calato ha iniziato l'altra ma una battaglia non è la guerra, questo si sa e una guerra non è tale senza piano strategico e soprattutto senza grido di lotta e cioè "all'attacco, all'attacco" che col Miro sembra urlare in quel gesticolare sovraeccitato che li ha presi. La dichiarazione c'è stata. Vivaddio dunque, *si trami, si trami!!!*

Viene poi mattino, cioè sono le cinque e anche se l'alba non si vede si sente in gola che è tardi. Il Miro alza i tacchi per primo e dice Andrea, io vado, piantala lí che torniamo a casa. Ma l'Andrea non si scompone e il Miro s'incazza ed esce solo e arriva a casa smadonnando l'Ela, tanto che per le strade del borgo è tutto un risuonare di "Ela, Ela, Porca Ela!" quasi fosse una processione e invece è solo il Miro che ulula come un indemoniato e cerca fra i portici la casa. Ma lo sgobbo è pesante: ospitare un maschio e poi farsi metter fuorigioco subito dalla prima passera, qui bisogna battere in ritirata e darsi da fare, per prima cosa lasciarlo fuori stanotte e fargli pensare tutte le cose brutte che deve pensare, farlo infine salire eppoi recitare indifferenza, non aprire la ciabatta, costringerlo a sentirsi un pezzo di merda, un accattone, sfruttatore e magnaccia, mangiapane a tradimento. Questo si farà e dopo un paio di giorni l'Andrea capirà finalmente quale è il suo vero letto in questo paese di merda!

Ma no, suvvia non è debolezza. Un conto è parlare quando una persona, anzi la Persona, non c'è e un altro quando ti sta guardando con quegli occhi superfighi che anche se gli volgi le spalle sai benissimo che ti stanno appiccicati addosso e li senti come lanciassero tutto il loro voltaggio supersex, senza risparmiarti un centimetro di senso... e Andrea è bello, troppo bello per tenergli il muso e il Miro proprio non gliela fa a fare il duro ora che l'Andrea è appena rientrato e saranno ormai le sei. No, è troppo difficile perché qui c'è il coinvolgimento, l'amore, e allora il Miro si fa coraggio e cerca di pensare un'azione per gettarlo dalla sua sponda, poi si decide, primo si volta, dopo lo guarda, gli si getta addosso, lo spoglia, gli fa un pompino e lo sbatte fuori casa. Bella progressione no? Però non lo fa. Se ci fosse coraggio lo farebbe altroché. Ma quando si decide e si volta l'Andrea non sta piú lí e il Miro lo cerca allora nella camera da letto e lo scopre nella penombra che russa tra le lenzuola a torso nudo senza nemmeno il pudore di coprirsi le chiappe, nemmeno il timore del freddo e rigido inverno emiliano. Eccolo dunque il Gran Lombardo supervitaminizzato, eccolo il virgulto omogeneizzato del sessanta, un po' di nicotina sui denti, la barba sfatta, un russare invadente, un culo che... il Miro se ne sta lí a guardare e lacrimare in silenzio sopraffatto da tanta bellezza. E spiando il Maschio Addormentato s'addormenta pure lui.

Prende a nevicare nei giorni seguenti e noi ci si sente soprattutto per telefono tanto per non rischiare di vestirsi e approntarsi per il gran freddo e dopo non trovare nessuno, una volta fuori, nemmeno allo Sporting che oggi resterà chiuso perché devono spalare la neve che si è ammassata sulla cupola che cosí può anche diventare pericolosa, cioè cadere tutto come un palloncino bucato.

Io mi guardo spesso la televisione, riesco a

raccattare anche film scomparsi o introvabili e una mattina di queste infatti riesco a captare Una Stagione all'Inferno che è un film su Rimbaud, non un granché, però ve lo dico tanto per fare un esempio di quel che si può ramazzare sulle bande selvagge. E me ne sto lí nel sacco a pelo sdraiato in terra col telecomando a portata di mano e una tazza di menta bollente accanto, anche al pomeriggio quando ci sono gli Ufo Robot che proprio mi piacciono come cartoni animati. Poi a una cert'ora devo lasciare tutto lo spiegamento e correre al telefono che suona da cinque minuti e ostia a lui non l'ha capita che non gli si vuole rispondere. Tutto incazzato dico chi è che suona al mio convento accidenti a te? e dall'altra parte è tutto un singhiozzare e sospirare e fare gulp e gasp che non capisco se ride o se piange quello di là, poi alla fine dice sono il Miro, ci sono novità.

Cosí mi vesto per la grande traversata di piazza Leonarda Cianciulli, la Saponificatrice di Correggio, brrrr, e metto gli stivali di gomma e una mantellina gialla che ho espropriata alla Rinascente perché davvero carina, come al porto.

Il Miro sta sul divano a pancia in giú e un braccio pende verso il tappetino per terra dove c'è una bottiglia di Wiborova messa nel contenitore sottovuoto del frigorifero. E beve come fosse acqua del rubinetto. Poi m'accorgo che c'è anche la Ela in un angolo che dice "Che cazzo sta succedendo che l'Andrea non lo vedo mica piú? Io credevo stesse qua" e allora interviene il Miro e fa "L'Andrea ha detto che veniva da te e poi non glielo domando quasi piú dov'è che se ne va quando esce, non mi caga, non mi caga che devo fargli, anche l'interrogatorio? Cazzi tuoi cara Ela perché io non gl'impedisco nulla, tanto fa sempre quel che vuole lui... Però dove sarà?" Io dico non l'ho visto, cosa volete che ne sappia io e allora Miro beve un altro sorso e passa la bottiglia alla Ela e poi a me. Ci facciamo un paio di giri finché non ci si libera la mente e allora si capisce dov'è che s'è cacciato quel gran pirla dell'Andrea. Una folgorazione, tutti e tre ci guardiamo, ci facciamo seri e dopo spalanchiamo gli occhi, un unico grido "Annacarla, lei la bestia con chi è?"

Non si è poi faticato tanto a capire quel che si doveva e cioè che Andrea s'è messo a fare il fedifrago con l'Annacarla piantando in asso la Ela che poverina appare uno straccio e non fa che dire lo amo, lo amo si vede che lo amo, guardate qua, son pallida e smagrita, tutta smunta dalle pene dell'amore, tutta sfatta dal coinvolgimento della passione, guardate qua come riduce l'amore rinnegato, ahimè ahimè cosa accadrà di me? E il Miro a far da coro greco, a stracciarsi le vesti e i capelli tutti quanti sul sofà e poi una volta in piedi s'attacca a tutti i suoi tendaggi reggendosi la fronte con il polso e sempre un ahimè anche quando cascano le tende e lui scivola col culo sul parquet e gli esce una madonna che non sta né in cielo né in terra tant'è grossa. Cosí avanti per tutta la serata che io mi rompo il cazzo a star nel lacrimatoio e dico belle mie la mi avete stufato proprio tanto, a un'altra volta, bye e vado via sotto la neve che riprende a scendere e sembra si diverta un casino la maledetta a cadermi sugli occhiali che cosí non ci vedo proprio una sega di niente.

L'Annacarla quindi l'ha spuntata e s'è messa con l'Andrea che pensa questa qui è davvero la donna piú affascinante del paese e nemmeno la Ela la batte perché è sensuale e quando sgrana gli occhi è il caso di dire che te la fa vedere tanto è arrapante e trasparente che le leggi fin sotto l'ombelico, appunto. E hanno trascorso insieme queste due notti dall'Aroldo in osteria dove Annacarla gli ha fatto l'occhiolino e gli si è avvicinata dicendo sono amica del Miro e già ci siam visti anche a casa mia te lo ricordi o no? Andrea se lo ricorda mica tanto bene, ci aveva un po' l'appannatura con tutto quel fumo però si dice dovevo proprio essere stonato se non l'ho vista prima, poi pensa che non è mai troppo tardi, questa sí che è una gran bella verità, meno bella che in questo paese si conoscano tutti e il giro vada a senso unico però chissenefrega. E in questo modo attacca l'adescamento a bicchieri di vino tanto che l'Andrea si meraviglia di come beve questa qua e allora gli si scioglie il cuore perché le ragazze che gli stanno dietro a bere gli piacciono, perdio se gli piacciono, di piú, le ama. C'è anche un gruppetto di freaks nel locale che una volta bevuti si sono messi a suonare la chitarra e cantare e ballare cosí che Andrea s'è avvicinato e s'è preso l'armonica che stava inutilizzata e ha fatto la sua parte e l'accompagnamento eppoi anche Annacarla s'è gettata nella mischia e ha preso la chitarra e gli altri li stavano a sentire in silenzio perché facevano tutto Bob Dylan, ma bene, cosí bene che pareva suonassero insieme da cent'anni e anche gli attacchi erano perfetti e l'Annacarla che cantava con la sua voce nasale che pareva Carole King, però è lo stesso, tutti a divertirsi. Anche la padrona dell'osteria che doveva chiudere all'una ma poi rapita dalla musica s'è addormentata su una sedia ed è stata lí a spigozzare da una parte e dall'altra che sembrava seguisse il sound e invece piú probabilmente dormiva. Quando si è svegliata erano ormai le due e ha dovuto far fuori il baraccone anche quei trequattro vecchietti rimasti lí a ridere e piangere fra i loro bicchierozzi perché la giovinezza non c'è piú e questa sí che è disperazione quando ti senti proprio uno scartino che sei lí solo per morire. Ma il trip li prende anche loro e si mettono a cantare e vociare e ballare incerti sulle gambe e tirarsi le carte addosso e anche il vino sulla testa e offrono toscani e comuni avanti e indietro, proprio a tutti, ed è come offrissero un tesoro.

Quando escono tutto è bianco e blu, c'è una gran luna da innamorati con tutte le stellette e i lumicini e tanta neve dappertutto cosí che l'Annacarla e l'Andrea si mettono a coprirsi di neve e gli altri continuano a suonare e ballare nella piazza e allora diventa tutto un volare di palle di neve e crearsi barricate e prepararsi munizioni dietro alle auto in sosta anche se ogni tanto c'è qualche disertore che col fiato corto raggiunge i due amanti sulle scalette del monumento all'Antonio Allegri, detto il Correggio. E lí a passarsela forte in bocca stretti stretti ben attenti a schivare le palle quando tutti li bersagliano e sembra proprio siano al muro della fucilazione. Ma tanto che importa, loro se ne fregano e si gettano sempre piú l'uno addosso all'altra e Annacarla infila una mano gelata sotto l'ascella dell'Andrea e lui le tocca il seno e lo sente vibrare e inturgidirsi al freddo delle dita, eppoi a rifare le stradine e i portici tenendosi per mano fino alla casa di Annacarla che lí, al caldo, succede quel che loro vogliono. Poi l'Andrea deve tornarsene a dormire dal Miro che sennò s'insospettisce e s'incazza da sbatterlo fuori e ora non è proprio il caso di lasciar l'affare che diventa sempre piú piacevole. Però subito il giorno dopo a mezzogiorno si ritrovano e stanno a far l'amore chiusi in casa e mangiano e bevono e fumano e scopano ed è questo star bene diosanto, questa è bellavita, avere una gratificazione dietro l'altra e non pensare a niente se non ad abbracciarsi e succhiarsi da ogni parte. Questa sí sarebbe bella vita poterla far per sempre mica bisogno di soldi e lavorare e studiare e partire e perdersi...

Ma l'andazzo è ormai scoperto, la Ela continua a dir che sta male che le sembra di morire addirittura a saperlo tra le gambe di quella là e il Miro che smadonna e urla e corre per la casa stracciandosi le vesti come un'invasata da Zagreo. Poi s'acqueta e si fa accanto alla Ela e si raccontano tutto quel che Andrea gli ha smosso dentro nella vita e nell'immaginazione e cosí si scoprono alleati di sconfitta e la Ela parla parla e dice proprio tutto, anche qualcosa che forse avrebbe dovuto tacere. Ma si sa che quando si comincia a buttar fuori non ci si controlla piú e cosí Ela dice che l'Andrea è un buon ragazzo e che la colpa non è sua di lui, ma dell'Annacarla se ci si trova in questo inghippo e che anche del Miro pensa bene, cioè gli è simpatico, ma davvero, solo che lui non può mica rimuovere tutta una soffitta di condizionamenti e tutta un'educazione, cosa vuoi Miro, bisogna capire, gli ci vorrebbe del tempo, se solo avesse tempo, l'ha detto — proprio cosí — il Miro mi piace, ma dovrei avere del tempo davanti per impararmi a vivere bene queste cose. Non fa in tempo a terminare che il Miro scatta dal sofà e inizia a saltellare si accende il More e si lancia in una dichiarazione di prammatica che non fa una grinza, tutta un farò cosí e colà eppoi... toglier l'Andrea dalle grinfie dell'Annacarla sennò ce lo sfinisce caramia.

Viene poco dopo il giorno della grande occasione del Miro perché Andrea svegliandosi vede un poco di sole e dice andiamo a girar Modena che la voglio vedere questa bella città che ricordo anche un libro di bellefoto, ma veramente, fatto da un tale che invece non ricordo piú. Cosí mi porto la Nikon e faccio un servizio anche là. Partono dunque, il Miro s'imbelletta, prende il suo Toyota e via, verso Modena a girare in lungo e in largo da Piazza sant'Agostino a Piazza Grande dove sta il Duomo e lí infatti entrano perché è il pezzo forte di Modena anche se ci sta un presepio e tutta un'avemaria natalizia che fa vomito. Poi si fermano sotto al porticato da Molinari a bere un frullato di frutta esotica che al Miro costa una follia, ma per Andrea ne farebbe ben altre follie, altroché. E da Molinari incontrano un culo di quelli da infarto con cui il Miro aveva una storia avviata quand'era poco piú giovane e aveva piú capelli in testa mica come adesso che tocca ormai il quarto di secolo e sulle tempie si vede, certo che si vede, ogni mattina a tirarsi il ciuffone e farlo cadere bene a coprire tutte le toppe. Be', questo bellissimo qui si chiama Edy e fin dai saluti col Miro non fa che strabuzzare gli occhi sull'Andrea e fingere di cicalare col Miro invece guarda il ventenne di Andrea che Miro continua a tenere stretto al braccio e piega la boccuccia in una smorfia superiore come dire spegni il culo cara Edy, questo è mio.

Ma l'Andrea si lascia fare il filo da grandingenuo e cosí devono imbarcare sul Toyota anche il nuovo acquisto, sai che allegria per il Miro guidare nel traffico incasinato delle festività costretto a occhieggiare tra i semafori mentre invece vorrebbe tener dietro soprattutto alle mani dell'Edy che chissà cosa combinano; cosicché a un'incrocio rischiano di ramazzare su una cinquecento bianca che fa zig-zag come pilotata da un imbriacato duro. L'Edy li invita a bere in un locale di cui è mezzapadrona e anche se è chiuso a quest'ora di pomeriggio ci tiene le chiavi. Cosí scendono al dancing e accendono le luci e si bevono una bottiglia di Krug tuttaquanta. Ma Andrea continua a farsi far su e scuotere la testa come dire sempre sí e sorridere spudorato ai quattro venti finché il Miro si accorge che tutto quel che fa è per pigliar in giro l'Edy e allora prende gusto al gioco e se la ride di nascosto a vedere l'Edy cosí rimbeccato che nemmeno se ne accorge, poveroooo! Insomma un qualche momento di distensione finché non arrivano al China verso le ventidue e trenta e lí bevono altro Krug, perché nel frattempo hanno raccattato quattro checche modenesi compagne del passato-passato e con loro hanno cenato da Fini. Ma lí al China il Miro comincia a rompersi le palle in mezzo a tutta quell'orda di assatanati che si mangerebbero l'Andrea anche sul momento e pure lui s'è scoglionato poveretto, non sa piú come parare i colpi. Cosí se ne vanno via piantandoli lí mezzi bevuti col conto da pagare, anche la Cicci che è stato un grande amore dei diciott'anni del Miro ma ora fa pena che è sui quaranta e non si dà pace neanche un po'.

Di ritorno verso casa sul Toyota lanciato fracassone sulla provinciale invasa dalla neve e dallo smerdo del pantano non si dicono una parola per qualche minuto. Poi Andrea comincia a dire che quelli di Modena gli stavano sul cazzo e che aveva preso gusto a stare al loro gioco mica piú di tanto, perché poi veramente s'era smaronato e depresso con queste teatrali. Allora il Miro ha cominciato a sciogliersi che quasi mollava il volante e ha cominciato a realizzare che forse quella notte, a letto, non sarebbe stato solo. Questo ha capito quando l'Andrea completamente bevuto gli si è addormentato sulla spalla che era sul punto di mollar la jeeppona lí e avventurarsi per una stradicciola e farselo su due piedi. Ma ha iniziato a dirsi resisti, resisti, sei forte Miro, tienlo in caldo che il gioco è fatto calma, calma. Cosí sono arrivati nella stanza da letto dove il Miro ha preso a fargli fare l'amore mentre lo svestiva, ma è stata dura, proprio dura, poi però l'Andrea s'è riassettato, ha capito l'antifona e c'ha preso gusto. O almeno cosí dice Miro. E ne è sicuro, ma cosí sicuro che se domani riprovassero gli strapperebbe dalle labbra persino un pompino che per un maschio è quel tabú cosí tabú che non ce n'è assolutamente di piú.

Cosí avanzano i giorni verso il Natale e ormai si è alla vigilia, pronti alla partenza per le Dolomiti. Riprende a nevicare e fioccare con piú intensità dei giorni precedenti. Il tempo si volta decisamente al brutto e la mattina quando guardo Piazza Cianciulli la scopro sempre maggiormente imbiancata e ghiacciata come se tutto fosse addormentato. Ma noi tutti si sa che c'è del grosso ancora che serpeggia lí sotto in silenzio, senza tanto casino, ma che primaoppoi scoppierà. E allora si salvi chi può.

Inizia il Grande Squagliamento, d'un tratto col sole della Vigilia. Le strade sono inzaccherate di neve scivolosa e sporca che poi la notte ghiaccia e la piazza sembra allora fatta di sabbia con su tutte le dune e montagnette del colore grigiosporco della terra. La Ela s'è disamorata, una cioccolata in tazza dietro l'altra ha dimenticato quello che lei chiama il suo scivolone. Allo Sporting si fa le sue nuotate in santapace e sembra davvero essersi calmata mica come pochi giorni fa che non si dava pace d'esser stata piantata e smessa lí come una trojetta. E come parla del suo cedimento! Dice che l'Andrea è un fessacchiotto, che non ha capito d'esser arrivato in un paese in cui tutti lo vogliono scopare e venir cosí manovrato come un semplice e godereccio vibratore, mica come lui la pensa cioè son venuto e v'ho sbattute tutte quante. Poveretto il Gran Cazzone, lui se ne andrà, che spanda-spanda le sue avventurette, noi si resterà in paese e saremo proprio noi a ridere e contarcela questa bislacca storia per tanti altri inverni.

Ma la Ela tende un poco a strafare e non tiene mica tanto in considerazione ad esempio il poveretto del Miro che dopo aver provato per una volta le braccia dell'Andrea, è sempre lí a sospirare e bramare e gocciolare di ti amo, ti amo Andrea, io ti voglio bene, sono coinvolto eccettera eccettera. E non fa altro tutto il giorno e lo bracca e gli dice tutto quello che gli passa per la testa, cioè ti amo ti amo non lasciarmi mai piú che se questo tuo interessamento e amore insiste abbi l'onestà di chiamarlo col suo nome e smettila di trastullarti coi desideri di un compagno di gioco; se quello che sta succedendo tra noi deve essere amore, che amore sia, trallallà con la A maiuscola e tutte le conseguenze del caso, accidenti. Perché tu Andrea lo devi capire che quanto sta succedendo tra noi è il segno evidente di un innamoramento di quelli veri che stracciano e io non dico di tirarlo fuori e mettermelo in mano, noo! queste sono cose che deciderai te, ma almeno il riconoscimento teorico della nostra storia io lo esigo, insomma io vorrei che tu chiamassi le cose con il loro nome e non ti nascondessi dietro è successo quel che è successo. E allora ti prego Andrea allarga le braccia; lasciami entrare, non sai la bellezza che ti appartiene piccolo, lascia che sia io a dimostrare la tua cecità, lascia che sia i tuoi occhi, il tuo specchio Andrea e allora rifletterò chi tu sei e sarò anche il vento, la pioggia, il tramonto, il deserto e l'alba alla finestra per quando cercherai il cammino nella notte, lasciami entrare tra le tue braccia Andrea lasciami, ehi piccolo *I'll be your mirror...* io ti amo e ti bramo amore mio e allora se devi nasconderti e scappare preferirei che non avessi mai fatto quello che hai fatto, se poi dovevi scegliere di abbandonarmi e di lasciarmi in questo letto cosí grande e cosí vuoto sempre piú vuoto che non ci dormo piú neanch'io la miseria, perché cosí lo tengo con l'odore del tuo corpo addosso e mi faccio la mia sindone miracolata che odora per sempre di te...

Senti Andrea tu sei meraviglioso, ma lo capisci che t'amo? Lo capisci che mi stravolgi la vita e il cuore e anche i nervi e che se prima ti ho preso come un passatempo ora mi mangio le dita perché io non sono fatto per scherzare sul sesso, noooooo, io m'innamoro e basta, non ho nient'altro da fare in questo puttanaio, vivo solo nel cuore dei miei coinvolgimenti e tu perché vorresti uccidemi lasciandomi cosí d'un tratto?

Tutto questo il Miro lo recita dapprima al telefono con me e una volta ottenuta l'approvazione, davanti allo specchio e poi mi chiama a vedere la prova generale in camera da letto che quando Andrea ritornerà resterà di schiantos a vederlo cosí invasato d'amore, soprattutto quando additerà il letto e afferrerà il lenzuolo per portarselo alla bocca e fare la pietà Rondanini, col telo in grembo.

Ma Andrea non rincasa. Viene invece l'Annacarla tutta pimpante e in grantiro che dice "Bella giornata amici miei, davvero bella giornata col Granlombardo". Miro s'incazza e dice che è una terrorista e provocatrice a comportarsi cosí mentre lui è ancora lí che si spreme d'amore e che tenta in qualunque modo di tenersi incollato l'Andrea che invece scollato si è e non torna piú, quanto dovremo aspettare?

Ma poi l'Annacarla viene cacciata perché ha davvero sorpassato ogni limite nel descrivere in lungo e in largo le sue notti concludendo con la mi sono stufata del portento che a letto non è nemmeno un granché, e il Miro non gliel'ha fatta piú e l'ha sbattuta dalle scale con un calcio nel culo che però non le è arrivato, ma la sequela degli insulti, quella sí che è arrivata, una teoria di bruttafiga, smaialata, trojara, mangiacazzi a tradimento e bocchinara e chiavicona e paciana e gugiolona e per decenza non ne riferisco piú. Ma poi l'Andrea rincasa che era andato a girare sul Toyota del Miro e far fotografie e diapositive su questa Emilia produttiva e selvatica girando tutta la campagna fino al Po. Rientra e il Miro fa la sua granscenata ma senza ottenere piú di tanto perché al momento del grand-clou l'Andrea, svaccato sul sofà, gli dice indifferente "prendi sta pallina che ti calmi" e gli dà un'oppiata che il Miro manda giú e sballa per sette ore difilate lí sulla sponda del letto col lenzuolo addosso a mo' di toga, come un eliogabalo.

Il giorno dopo è proprio la Vigilia e la gente tacca il portico con su i fagottini colorati di porcherie, ma soprattutto enzobiagi e pierochiara che si vendono come confetti a una pesca per zitelle. E lí alla libreria Niccolò Postumo s'incontra casualmente l'Andrea con la Ela. Si scambiano un saluto cosí cosí e chiacchierano di malavoglia, soprattutto l'Andrea che non vede l'istante di fuggirsene, perché si sente un poco in colpa per essersi comportato da imbecille con lei e lei lo capisce l'imbarazzo e lo sfrutta a suo vantaggio facendo insinuazioni e battutine finché non arriva anche l'Annacarla con la Raffy e allora l'Andrea bestemmia lí incassonato che non riesce a fuggire e le battute son sempre piú pesanti e scoperte che lo prendono dritto dritto al cuore, maledetto e porco paese che incontri tutti al momento meno opportuno. Ma poi la situazione sembra aggiustarsi perché escono verso il bar e l'Andrea cerca di svignarsela. Ma non ci riesce, loro lo ficcano al Veronica Gambara dritto dritto prendendolo sottobraccio e presentandolo a tutto il bar che se la ride di nascosto e Andrea arrossisce di vergogna, maledetto paese che si capisce che tutti san tutto di tutti. Cosí continua il pomeriggio ma poi Andrea non gliela fa piú a restare e allora si alza e se ne va rosso dalla rabbia senza nemmeno alzare la mano in un gesto di saluto, ma stramaledicendo a labbra strette questi idioti provinciali sempre pronti a tramare tra di loro e contro gli stranieri. Affanculo!

Allora decide di scappare e a puttane il servizio fotografico e tutto quanto il resto, lui se ne torna in Brianza, passa il Natale e ripara in Tunisia, altroché. E si prenderà la rivincita a danno dell'unica persona con cui al momento se la può prendere cioè il Miro che in fondo gli dispiace un poco che lui gli vuole bene sul serio mica come la troja dell'Annacarla che gl'ha voltato le spalle senza nemmeno avvertirlo, ma lo farà mi dispiace Miro ma lo farà.

Cosí quella stessa notte dice al Miro andiamo a girare per le campagne e stiamocene un poco per i fatti nostri che del casino della truppa mi sono stancato e vorrei parlarti e starti vicino magari senza dir niente, però fuori dai coglioni, anche da questa casa, per favore fallo per me. E il Miro non dice nulla ma dentro è sciolto come la neve al sole e gli affida le chiavi del Toyota dicendo guida pure tu, vai dove vuoi, nella tempesta nel terremoto e anche nel nubifragio, basta che tu mi stia vicino, alle porte del sole o della pioggia andiamo amore mio. Cosí escono dal paese e molto spesso la mano sulla cloche la tengono tutti e due e si sorridono tanto che il Miro allunga le dita e lo stoccazza ma l'Andrea non dice niente e lascia fare. Poi s'arrestano sul ponte dell'autostrada e Andrea dice, scendiamo giú a guardare il passeggio e il Miro in un baleno scende, raggiunge il parapetto e guarda giú e alza molle all'indietro una mano e dice "Ahhndrea Andrea che bella persona che sei" e muove le dita come dovesse suonare un pianoforte, attendendo di intrecciarle con quelle dell'altro, però sente una sgasata e si volta, troppo tardi, l'ha scaricato lí al freddo porcaputtana e già è lontano giú dal cavalcavia. Cosí Miro prende a bestemmiare e ululare, poi pensa che cosí non risolverà un cazzo allora si mette a fare l'autostop che chissà qualcuno ha pietà e lo carica nella bufera che s'è alzata. Niente, niente, bestemmie su bestemmie lí ai margini della provinciale che non ha nemmeno un montone addosso perché dentro al Toyota era un'alcova tutta bella calda. Altre bestemmie finché non s'arresta una cinquecento bianca che lo carica e al Miro sembra di riconoscerla questa bianchina e soprattutto quel modo imbriacato di guidare sulla strada, però non si ricorda dove. Arriva dunque a casa, sale di corsa le scale e quante ne ha in testa per fargliela pagare! Ma Andrea fa la volpe furbacchiona, sa con chi gioca la riscossa, cosí si fa trovare nudo col cazzo in aria nel letto del Miro e finge di dormire. Il Miro si precipita dentro urlando come una furia e quello scuote appena la testa ricciolona e fa "ah, sei tu?" Cosí che al Miro gli crolla tutto addosso e pensa anche sia scemo questo qui, chi può essere vaccaeva, Carlo Marx? Cosí si scrolla tutta l'acqua e la neve che s'è preso sul cavalcavia e sputa fuoco dalla bocca ma l'Andrea comincia a frignare e fa su tutta una tiritera perché quel che ha fatto lo ha fatto solo per vedere se lui lo amava veramente, che voleva metterlo alla prova perché non avrebbe sopportato d'esser trattato come una marchetta e se lui s'incazzava per quello scherzettino da bambini allora voleva dire che non l'amava manco per il cazzo, cioè tutte parolacce senza significato alcuno. E al Miro gli luccicano gli occhi ora e dice stupidino, stupidino, birbantello d'un Andrea l'avevo capita cosa credi e che pensavi eh? e fa quindi risposta da gransignore come avesse perso dieci milioni al casinò e s'alzasse con filosofia dicendo al mondo c'è chi vince c'è chi perde, va cosí lasciando persino la mancia al croupier tanto per chiudere in bellezza e magari dopo suicidarsi in laguna. E infatti il Miro fa buonviso, ma poi si ritira un attimo in bagno e si dà un cazzotto tanto per smaltire il nervoso. Poi gli si getta nelle braccia e cerca di dimenticare e l'Andrea non fa che dire ti amo ti amo non ti lascerò, finché s'addormenta e il Miro resta lí a guardarlo asciugandogli con le labbra le gocce di saliva e benedicendo la sinusite che lo fa dormire a bocca aperta e cosí lo può succhiare anche quando riposa e dice povero piccolo e lo bacia avanti e indietro finché viene mattino e il sole entra dalle finestre e la neve gocciola sul davanzale e sembra suonare come uno xilofono. S'addormenta dunque e pensa cosí bene non sono stata mai.

Si risveglia il giorno dopo che è Natale e le campane del borgo scasinano allegre, è nato è nato, si risveglia riposato e sorridente e fa micio micio mio allungando il braccio, ma questo *plumf* sul materasso freddo, il Miro si volta, vede il letto vuoto e gli prende mezzo canchero. Divenuto poi tutt'intero quando legge nella specchiera di fronte, tracciato col suo kajal:

GOOD-BYE BUSONA!!!

Tutto il pomeriggio di questo fottutissimo Natale passato a casa del Miro per risollevarlo dall'infarto che il Merry Christmas di Andrea gli ha provocato. L'Annacarla, la Ela, la Raffy ed io e anche altri tutti intorno al suo corpo allentato sul sofà, su quel talamo non ci tornerà, non ci tornerà cazzo, vivesse cent'anni. Noi non si sa piú né cosa dirgli né cosa fargli dopo le premure tuttequante usate, insomma cominciamo a svaccarci anche noi e dire senti Miro, non farla cosí lunga, che sarà un Andrea in piú o in meno, renditi conto che quello era un ingenuo e s'è visto come è scappato con la coda tra le gambe, lo sappiamo che forse tu ci hai rimesso piú di tutti in questi giorni, ma guarda la Ela che anche lei era cotta e sballata e poi ha capito con chi aveva a che fare e s'è ripresa, insomma è stata un'infatuazione, e cerca di rimuovere diosanto almeno per questi giorni che domani ce ne partiamo e chi s'è visto s'è visto, pensa piuttosto a tirarti su con tutti i buon deutsch che ci saran lassú altroché lombardi, veri Walhalla diomio! Miro, Miro fatti forza!

Ma tutto sembra inutile per svegliarlo dal

collasso e cosí la notte facciamo la veglia accanto al sofà perché solo non c'è da fidarsi a lasciarlo.

Il giorno dopo tutti i preparativi al dunque, indaffarati a caricar gli sci e le borse e tutto quanto sulle nostre auto finché non resta che passare dal Miro a prelevarlo e fare l'estremo tentativo, ma quello è ancora sotto shock non mangia non beve, insomma è piú di là che di qua. Poi l'Annacarla s'incazza e urla di togliere il culo da quel triclinio del cazzo e che se vuole venire a Corvara bene, che si sbrighi sennò cazzi suoi, noi ce ne andiamo ugualmente. E Miro fa cenno svolazzante con la mano e gli occhi chiusi come dire andate andate lasciatemi a morire nella mia disperazione di rottincula snobbata, e l'Annacarla bestemmia e si dirige verso l'uscita. Poi prima di chiudersi la porta alle spalle dice peggio per te Miro, ci si deve fermare a Bolzano a caricare quei due di Brescia con cui si è d'accordo da settembre, peggio per te che non ti vuoi la rivincita. E allora il Miro s'alza su e riprende a favellare e darsi schiaffetti sulla fronte e buffetti sulle guance, come ha potuto dimenticare? Fa per alzarsi ma la fatica è tanta perché essere lasciati cosí proprio sul piú bello è un bel magone di fiele da sbatter giú e anche tutta una ferita in salamoia e alcool nelle bruciature e aceto nelle piaghe, insomma non gliela farà a rimettersi, un martirio è pur sempre un martirio chi gliela fa a fare superman... ma no, ma no, gliela farà il Miro, alla faccia dell'Andrea gliela farà. "Annacarla, Porcaela aspettate, scendo, mi preparo voglio la rivincita. E non son cosí sicuro che la passerete liscia questa volta, voi due!"

Cosí finalmente si parte, si lascia il borgo e s'imbocca l'autobrennero con le nostre tre auto incolonnate, si ritira lo scontrino e via sulla strada. Si passeranno dieci incredibili giorni lassú come da qualche anno a questa parte. Ma io non farò il Capodanno con la ghenga tuttaquanta. Tornerò il trentuno a Reggio Emilia per il cenone con tutti i pedé della mia razza che hanno affittato un hotel tutto intero perché ci sarà festa grande e granbaldoria per il prossimo anno 1979 che pare allora andrà in gran moda, in tutto il mondo, l'ano del fanciullo! Obsssssssssssssss...

Autobahn

Lacrime lacrime non ce n'è mai abbastanza quando vien su la scoglionatura, inutile dire cuore mio spaccati a mezzo come un uovo e manda via il vischioso male, quando ti prende lei la bestia non c'è da fare proprio nulla solo stare ad aspettare un giorno appresso all'altro. E quando viene comincia ad attaccarti la bassa pancia, quindi sale su allo stomaco e lo agita in tremolio di frullatore e dopo diventa ansia che è come un sospiro trattenuto che dice vengo su eppoi non viene mai.

E Laura diceva, mi ricordo, che questo faceva male ahimè davvero molto male come ti siringassero da dentro le budella e le graffettassero e punzecchiassero, insomma tanti scorpioncini appesi al tubo digerente cosí che poi dovevi per guarire cercare un disinfestatore che ti imponesse i fluidi, magari girando mezzitalia e trovatolo fare poi sala d'attesa in compagnia di melanconici stultiferi biliatici neurotici et altri disperati con artrosis e acciacchi d'ossa, persino invasamento del Maligno.

E l'Angelo, anche ciò mi rammento e ve lo passo, questa scoglionatura che dà sul neuroduro la chiama Scoramenti, al plurale perché quando arriva non vien mai in solitudine. Si porta appresso nevralgie d'ossa, brufoletti sulle labbra o nel fondoschiena ma poi i piú gravi mali, quelli della vocina; cioè chi sei? cosa fai? dove vai? qual è il tuo posto nel Gran Trojajo? cheffarai? eppoi ancora quelli piú deleteri, i mali del non so giammai né perché venni al mondo né cosa sia il mondo né cosa io stesso mi sia e quando son proprio gravi persino il non so quale sia il mio sesso né il corpo né la cacca mia, cioè i disturbi dubitativi della decadenza.

E contagia. Ostia se contagia. Casa mia divenuta tante volte ospedaletto, sul mio lettuccio Chiara che guardava l'aquilone del soffitto e ruttava invece che parlare. Ma io capito quei rutti e tradotto per voi "non ho caromio nessun progetto di me, menchemeno realizzazione libidica o razionale, ruth".

Eppoi Maria Giulia, sempre in cameretta mia con su il contagio, si contava i riccioli e boccheggiava e vedevo che malediceva quel fulmine a ciel sereno che era caduto addosso a lei che non se lo aspettava proprio che arrivasse, ma una volta giunto, come digià detto, fatica boia, ma tanta tanta a cacciarlo via, il fulmine. Insomma saputo quel che vi era dovuto lettori amici miei, vi passo a fare il menastorie di una sera come tante con su le belve degli scoramenti che a rimanere fermo non ci riesco trenta secondi d'orologio, mi sento un passerotto che ha perduto il nido, faccio un bar didietro all'altro e un beveraggio appresso all'altro perché il vino è farmaco dei mali e credete a me, questa è l'unica risposta che al mondo c'è.

In tale stato di coscienza bevute dunque sette vodke a credito dall'Armando, lavati dieci tavoli e consegnati cappuccini al ragioniere d'ufficio sopra il bar come baratto, ingoiati poi due Pinot triveneto, due Albana in compagnia del Simposio dell'Osteria e sbausciate infine due birrette da trecento lire dall'Aroldo, cioè entra entra vino santo strapazza il dolore, produci calore, sciogli l'uovo del mio cuore, fammi infine vomitare e cacciar lontano il mio gran male. Dopo messo in cinquecento che dico cosí di certo passerà. Però di soldi mica ne tenevo tanti nel portafoglio, fortuna era che ci stava la benzina almeno per scorrazzare un paio d'ore cioè la lancettina diceva due quarti e traballava ballerina piú verso il quattro quarti che la barretta opposta. Da questo capito il fatto, tutt'intero.

Ma dentro non ci capivo proprio niente di quel che succedeva e impossibile continuare silenziosamente la notte; dentro che granbaccano che avevo! Come una fiera di paese anco coi mangiafuochi che sputavano fiammelle spiritate e gli elefanti d'India che saltavano sui trespoli e tutto un tremolio di saltimbanchi e culbuttisti e trapezisti, funambolici e giocolieri, persino bertuccette e oranghi tanghi mai fermi porcodio cinque minuti.

Bestemmiata la malattia, ostia se la bestemmio sulla mia cinquecento bianca come il latte e scappottata ora che è primavera, o almeno sembra, cioè una bella aria fresca di marzo pazzerello che gira come un fringuelletto tra le mie gambe e petto ed esce poi da dove è entrata, cioè il tettuccio. Cosí metto una marcia piú forte dell'altra e pesto l'acceleratore come la tavoletta della batteria e infatti ci canto sopra un bel reggae, di quelli sdiavolati e vado forte sulla strada, scanso i gatti e i topi della campagna, le ranocchie dei fossati, sempre forte bella guida, neanche paura. E scalare, che goduria! Sembra di stare a dar cazzotti al motore, ai pistoni, alle biellette e anco agli stronzi porci che m'incrociano con gli abbaglianti sparati sui miei denti, gli si secchino le palle, accidenti! Poi d'un tratto fiutato nel marzo pazzerello un buon odore, allargati i polmoni, litri e litri di buon odore dentro, che gioia l'ho ritrovato il buon profumo selvatico e libero, non lo farò scappare. Accidenti a te respiro mio che non ti riesce di trattenerlo dentro un po' di piú questo odorino, ma fatti forza allarga il naso, sí l'hai ritrovato, esulta e impreca, all'inseguimento, e via!

Però mentre io sul mio ronzino scappottato sono lanciato all'inseguimento, dovete sapere alcune chiacchiere e portare un poco pazienza, tipo accendervi una sigaretta se c'avete il vizio, o bere una cocacola o dare un bacio alla vostra compagnia se siete in compagnia, e se siete soli, be' cazzi vostri io non lo vorrei proprio ma se è cosí è cosí, non menatevela tanto; quindi passo a dirvi le menate che vi devo cioè che al tempo degli scoramenti io abitavo in Correggio, Reggio Emilia ma non è detto che ora che abito in altro loco non abbia piú gli scoramenti, ma in quel tempo erano davvero frequenti, fulmini a ciel sereno, ho detto. E lo ripeto qui.

Correggio sta a cinque chilometri dall'inizio dell'autobrennero di Carpi, Modena che è l'autobahn piú meravigliosa che c'è perché se ti metti lissú e hai soldi e tempo in una giornata intera e anche meno esci sul Mare del Nord, diciamo Amsterdam, tutto senza fare una sola curva, entri a Carpi ed esci lassú. Io ci sono affezionato a questo rullo di asfalto perché quando vedo le luci del casello d'ingresso, luci proprio da granteatro, colorate e montate sul proscenio di ferri luccicanti, con tutte le cabine ordinate e pulite che ti fan sentir bene anche solo a spiarle dalla provinciale, insomma quando le guardo mi succede una gran bella cosa, cioè non mi sento prigioniero di casa mia italiana, che odio, sí odio alla follia tanto che quando avrò tempo e soldi me ne andrò in America, da tutt'altra parte s'intende, però è sempre andar via.

Ma ci son notti o pomeriggi o albe e anco tramonti, anche questo dovete imparare, che succede il Gran Miracolo, cioè arriva su quel rullo l'odore del Mare del Nord che spazza le strade e la campagna e quando arriva senti proprio dentro la salsedine delle burrasche e dell'oceano e persino il rauco gridolino dei gabbiani e lo sferragliare dei docks e dei cantieri e anche il puzzo sottile delle alghe che la marea ha gettato sugli scogli, insomma t'arriva difilato lungo questo corridoio l'odore del gran mare, dei viaggi, l'odore che sento adesso come un prodigio e che sto inseguendo sulla mia ronzinante cinquecento con su gli scoramenti e dentro tanto vino e in bocca tanta voglia di gridare. Sono sulla strada amico, son partito, ho il mio odore a litri nei polmoni, ho fra i denti la salsedine aaghhh e in testa libertà. Sono partito, al massimo lancio il motore, avanti avanti attraversare il Po, dentro ai tunnel tra le montagne di Verona, avanti sfila Trento sulla destra e poi Bolzano e poi al Brennero niente frontiere per carità, non mi fermo non mi fermo, verso Innsbruck forte forte poi a Ulm, poi via Stuttgart e Karlsruhe e Mannheim, una collina dietro l'altra, da un su e giú all'altro, spicca il volo macchina mia, vola vola, Frankfurt, Köln, forza eddai ronzino mio, ormai ci siamo, fuori Arnhem, fuori Utrecht, ci siamo ci siamo ostia se ci siamo senti il mare? Amsterdam Amsterdam! Son partito chi mi fermerà piú?

Cosí me ne corro e quanti di pensieri che tengo nella mia crapa o piuttosto pensieri di stomaco, la testa ronza solamente come il monoscopio della tivú; nella pancia invece è lí che ci tengo tutti i miei fumamenti come bussolotti del lotto, dite un numero vi guardo dentro che pensiero ci sta.

Ma continuo a volare e dovete sapere che fatti dieci chilometri, fatti venti comincia a stringermi la vescica in mezzo alle gambe. Tengo duro 'codio io ci ho fatto un patto di non fermarmi questa notte di libertà perché so che se mi fermo poi vien su la malinconia del viaggiatore e faccio il gran filosofo, dico vado non vado, torno non torno e non è proprio bello a questo punto menare le cazzate.

Fatti altri chilometri passo quindi sopra al flumen Po tutto luccicante nella notte che sembra la stagnola di un presepio che fa il ruscelletto eppoi finisce nello specchietto della mamma vicino alla grotta a far da laghetto, io e mio fratellino grande ci mettevamo le oche, mio cugino invece ci faceva la pipí da sopra una sedia e diceva piove piove sul laghetto.

Passato il Po tanta pipí che ingrosserei il delta e le valli di Comacchio se dovessi scaricarmi da quassú. Cosí mi costringo e faccio sosta in in una piazzola, ma non per far pipí quanto piuttosto bisogno di un fernet sennò gli scoramenti, quelle fiere, tornano a saltar fuori. Bisogna sempre tenerli caldi caldi che scottino se li fate raffreddare sarà tutto un umor di novembre, tetro e nuvoloso e allora me la scrivete poi voi una cartolina dall'asilo degli sbalinati.

All'Area di Servizio Po, parcheggio la mia cinquecento ma prima di scappar giú a cambiar acqua al merlo mi conto i soldi in tasca, magari mi son sbagliato e ci ho piú grano di quel che ho contato l'ultima volta, insomma mille lire in piú per un panino. Niente, porca la miseria, solo monetaccia spicciolata, ottocentocinquanta lire e dieci dracme, ma quelle mica le posso spendere che sono un regalo di un amico mio.

Raggiungo dunque il posto per lo scaricamento che non ne posso proprio piú. Dopo, che pisciata! A gambe larghe e chiappe strette una mano dura sulle piastrellette di formica a lato, e la testa china a guardare il prodigio fumante, che fumata lettori miei! Poi saltellando qua e là per la piazzola di sosta mi trovo a svicolare nel baretto solitario e mi metto al banco dicendo fernet. Uno tutto secco e allampanato che pare Bela Lugosi dice lo scontrino ce l'hai? E io lo guardo dico no, però versami il fernet che poi lo faccio. Ma quello silente, sta lí a guardare fisso fisso che sembra proprio l'uomo lupo e attende la fattura cosí che dopo mi volto e vado alla cassa però non c'è nessuno seduto lí dietro. Torno a voltarmi con gran sorriso come dire Bela Lugosi che faccio ora? Ma lui non sta piú lí per cui guardo in alto e in basso alla ricerca del pipistrellone e dopo me lo vedo alla cassa seduto che fa tic-tac come alla macchina per scrivere e infine dling! il talloncino.

Lo prendo e vado al banco e dico "fernet please" davanti allo specchio tanto so il giochettino e Bela Lugosi primaoppoi arriverà. Però altri che sono entrati non capiscono bene me che parlo a nessuno dicendo "fernet please" che sembro un disco e mi guardano un po' storti come dire c'ha le rotelle ammaccate povero diavolo e dopo vanno a destra del bancone e lí mangiano e bevono e si ristorano perché da quell'altra parte c'è Bela Lugosi che li serve calmo e placido al passaggio e me non mi caga neanche un po', come non c'avessi il talloncino. Tanto che io m'incazzo e grido brutto canchero uccellone d'un Bela Lugosi, dammi da bere che sennò ti pianto un palo nella gola e la finisci di fare il lupacchione grrrrr! Dopo tanta attesa arriva il beveraggio.

Taccagno! Per cinquecento lire me ne versa un goccino che sembra una caramella al fernet, allora se lo sapevo facevo prima a comperare le caramelle e spaccarmele in boccuccia come ovini, di certo risparmiavo, ah se risparmiavo. Alla brutta faccia vostra taccagni dell'autostrada piú bella che ci sta!

Quindi mentre mi volto infumanato ho una visione. Strabuzzo gli occhi poi metto anche gli occhiali che tenevo in cinquecento. Infatti uscito e poi tornato. Lei stava sempre lí che guardava col sorriso. Che bella bambina! Ci avrà sí e no quindici anni, però è bella e si vede che mi guarda bene lí davanti al bancone dei taccagni. Prendo la mia mano nell'altra e dico be'? Lei mette la sua manina e dice be' anche lei. Dopo fatta cosí conoscenza corriamo fuori e andiamo dietro il casotto che c'è anche un lampione, sempre dicendo be' come due pecorine innamorate.

Le do un bacio? daglielo daglielo dice dentro la vocina e cosí glielo do, ma quanto coraggio ci è voluto. Poi anche lei mi bacia sulla fronte e tira via col dito i capelli perché li tengo lunghi e non sta bene per una bambina baciare i capelli di un giovanotto. Succhiamo succhiamo lei la fronte e io la guancia cosí timidini tuttedue che voi lettori furbacchioni non ve lo sareste mai aspettato da un duro come me. E invece facciamo proprio cosí dietro al casotto e vicino al lampione che ora s'è spento però c'è la luna che ci tiene compagnia, una gran bella luna piena, capita la solfa del Bela Lugosi? Poi lei dice che io le racconto la mia storia e io chiedo ti fa piacere davvero? Dice di sí e allora comincio a raccontare, ma quante balle che le dico, tutte fregnacce, io son questo qui e faccio questo qua, tutte menate voi che lo sapete che sono un povero diavolo con su gli scoramenti. Ma Lei spalanca la boccuccia e dice ooohhhhhhh a ogni mia fandonia e quante che ne racconto sono ricco son famoso, son scrittore ah quante che ne dico che non stan né in cielo né in terra e manco nel mio mare. Il mare, il mare! io non posso fermarmi qui, ho il mio odore da seguire, devo correre, l'autostrada mi aspetta, non ci ho tempo caramia!

E qui svanisce la visione e lei diventa sempre lei però io capisco il trucco. Te ti han mandato i correggesi per fermarmi, vattene via stregaccia bella che fai finta di credere alle mie balle, ora t'ho capito l'inganno, vattene via! Corro al mio ronzinante, salto dentro dalla cappotta metto la prima e parto forte senza nemmeno salutarla. Lasciata sull'erbetta inglese del retrocasotto, con su il pullover e i bottoncini rosa in aria, cosí impara a voler fermare il mio viaggio!

Però mentre corro di nuovo sulla strada la vocina dentro dice facevi bene a fermarti con la bellina, dove vai? chi sei? Piantala piantala vocina del cazzo, coscienza inquieta dei miei stivalacci sdruciti, fanculo te che se non taci ti porto dritta dritta da uno junghiano e poi me la racconti se parli lunga e distesa sul sofà. Tante minacce, la vocina tace e s'assopisce nella cuccia. Finalmente. Canto una canzone e mi faccio da me l'accompagnamento come qualche pagina indietro battendo i piedi e le mani sul ferro della capote scappottata e insomma vedo in alto le stelle e dopo, fatti altri chilometri, anche delle ombre nere. A un piú attento esame rivelatesi le montagne sopra Verona.

Goditi dunque occhio mio il ramingar contando stelle, goditi queste montagne che paiono ostriconi arribaltati, goditi il canto del ronzinante, dei pistoni e dei cilindri, il traballio lucente e mercuriato dell'Adige, ora a sinistra dopo un ponte un'ansa e a destra, ma dritto l'asfalto, ah chi ci fermerà? Alla faccia del cazzo e della mia visione, brutta fatina che volevi arrestarmi! Alla faccia vostra vado finché ho benzina vado, porci scoramenti che bollite in pancia ora vi centrifugo dal muscoletto mio, fuori fuori che sto correndo addosso alla mia felicità. Però poi son costretto a fermarmi di nuovo che il ronzinante fa sput sput. Ehi, ehi, carcassetta mia non abbandonarmi proprio ora, altri chilometri altra strada, tanto non ci ho soldi damned damned! Vai fin che puoi!

Dopo, fermato.

Stavolta la piazzola si chiama Area di Servizio fiume Adige, ne ho fatta di strada, il beveraggio è terminato, in folle arrivo dentro appena un venti metri, mica tanti di piú. Infatti raggiungo a piedi l'autogrill, lei la mia bianchina la lascio lontana. C'è notte fredda e buia attorno al posto di ristoro e qualche sagoma scura di Tir e qualche Mercedulo di buon doicc e qualche bicicletta, di lavoratori penso io. Mi siedo sul gradino di cemento e faccio rollare una sigaretta col Samson e anche mumble mumble che farò ora? Dopo si accende un lungo albero di Natale nel bel mezzo del buio e fa un gran rombo. C'è tutto un filo di belle lampadine colorate e quando si illuminano io capisco che è il bestione del Tir che se ne va e il Babbetto Natale che sta alla cabina lassú in alto mi saluta col braccione da Popeye perché io agito la mano e canto in mezzo alla piazzola: "Bello albero di Natale beato te che te ne vai verso il nord. Ah se gliel'avessi io un bestione cosí, sempre in giro a zizzagare altroché! Bbello che sei con tutte le luci, vai vai e corri finché puoi."

E lui parte e io gli corro dietro festoso e sbracciato che quando gli son vicino mi sgasa in faccia tanto che poi non vedo nulla in quella nebbia puzzolente, solo intravedo qualche lumicino come il Pollicino della fiaba. Eppoi in quello smog sale un masso nero, però non lo scorgo perché ci inciampo addosso, ma dopo lo vedo grande e per giunta vociferante. Perché fa porcamadonna!

Tutto imperplessato guardo in basso. Che ne dite lettori miei? Mumble mumble, altro miracolo, altra visione che siano ancora i correggesi una ne fanno cento, mille ne pensano accidenti a loro? Macché visione, macché miracolo. Il sasso s'alza su e diventa un autostoppista colorato, finalmente che il vapore dell'albero s'è un poco diradato.

Oeeeee scusa tanto amico mio, ma non t'avevo mica visto cretino io cosí appallottolato, oé scusa tanto ma davvero che mi dispiace che dormivi e t'ho svegliato.

Ma sei proprio tonto, dice l'autostoppista, mica dormo non vedi che giro un film? Ecco l'Arriflex tienla in mano.

Cazzo, questo qui è un cinematografaro. Io mi sciolgo un poco. Dice faccio un film, dico ho capito, ma cosí al buio?

Filmava le luci dell'autostrada piú bella che c'è, questo ho capito poi piú tardi nel bettolone dove mi ha offerto un cappuccino perché io non ci ho soldi. Cosí parliamo e cicaliamo. Lui dice che questo è il primo film, ma poi ne farà degli altri, tutti film di viaggio alla miseria l'italietta e la commedia, qui caromio nessuno sa piú un cazzo, bisogna registrare le autostrade e i movimenti, ok?

Ah, che due maroni questa Italia, io ci ho fame amico mio una gran fame di contrade e sentieroni, di ferrate, di binari, di laghetti, di frontiere e di autostrade, ok?

Senti amico mio bisogna gettarsi nelle strade senza tante scene o riflettori, bisogna cercare soltanto una frontiera e un limite da scavalcare, bisogna gettare le nostalgie e i retrò, anco riflussi e regressioni, via gli interni i teatri e gli stabilimenti. Si dovranno invece ricercare periferie, ghetti e marciapiedi, viali lampioni e cantinette, anco però sottoscale soffitte e sottotetti, ok?

A morte, a morte! Alla forca! alla ghigliottina! al patibolo! al supplizio! alla gogna e alla garrota! all'esecuzione! alla fucilazione! all'impiccagione! alla defenestrazione i mafiosi i teoreti i politologhi, i corsivisti, le penne d'oro, le grandifirme, gli speculatori del grassetto e del filmetto, a morte! a morte! i mistificatori, le conventicole, i salotti, i milieu, i gruppi e i sottogruppi, le compagnie, le quadriglie e le famiglien, al rogo, al rogo, ok?

Ma il cineocchio mio amerà, oooohhh se amerà la fauna di questi scassati e tribolati anni miei, certo che l'amerà. L'occhiocaldo mio s'innamorerà di tutti, dei freak dei beatnik e degli hippy, delle lesbiche e del sadomaso, degli autonomi, dei cani sciolti, dei froci, delle superchecche e dei filosofi, dei pubblicitari ed eroinomani e poi marchette trojette ruffiani e spacciatori, precari assistenti e supplenti, suicidi anco ed eterosessuali, cantautori et beoni, imbriachi sballati scannati bucati e forati. E femministe, autocoscienti, nuova psichiatria, antipsichiatria, mito e astrologia, istintivi della morte e della conoscenza, psicoanalisi e semiotica, lacaniani junghiani e profondi. Eppoi tutti quanti gli adepti di Krishna, di Geova, del Guru, del Brahamino, dello Yogi. Indi ogni discendenza, bambini di Dio, figli di Dioniso Zagreo, nipotini di Marx, illegittimi di Nietzsche, pronipoti del Marchese, figlioletti delle stelle, sorelline di Lilith luna nera e fratellini di prometeo incatenato, anche bastardini di Frankenstein, abortini di Caligari, goccioline di Nosferatu. E ancora tutti quanti i transessuali, i perversi, i differanti, i situazionali, gli edipici, i preedipici e i fissati, i masturbatori e i segaioli, i corporali, i biologici, i macrobiotici, gli integrali, gli apocalittici, i funamboli, gli animatori, i creativi, i performativi, i federativi, i lettristi, i brigatisti, i seminaristi, i fiancheggiatori, i mimi e gli istrioni, i funerei, i piagnoni, i mortiferi e i bestemmiatori, i blasfemi, i boccaloni, i grafomani e gli esibizionisti e i masochisti e tutta quanta quell'altra razza di giovani Holden e giovani Törless, giovani Werther e giovani Ortis, giovani Heloise e giovani Cresside, giovani Tristani, giovani Isotte, giovani Narcisi e Boccadori, giovani Cloridani e Medori, giovani Euriali e giovani Nisi, Romei e Giuliette. Eppoi nuovi trimalcioni, e nuovi Hidalgo, autori da giovani da cuccioli e da scimmiotti, oppiomani, morfinomani, spinellatori, travoltini, trasversali, macondisti, marginali, baleromani, jazzisti e reggomani, depressi, angosciati, nostalgici, dipendenti, studenti e figli. Nonché stupratori viziosi e incannatori. E questi caromio, saranno i personaggi e le figure del nuovo cinema mio, il Rail Cinema, il DRUNK, very-drunk, CINEMA, ok?

Io li filmerò. Filmerò i di loro amori, le lacrime, i sorrisi, le acque, gli umori i colori e le erezioni, i mestrui le sifilidi, le croste, gli amplessi i coiti e le inculate, i pompini e i ditalini, quindi i culi le tette e anco i cazzi filmerò. Insomma, ok?

Me mi vien voglia di dirgli all'amico stoppista cinematografaro del drunk-cinema, vè se ti manca uno scorato ecco ce l'hai qui davanti a te e magari incominci da me se tu ci metti la benzina si potrebbe andare in giro insieme a visionare tutti questi amici tuoi, un po' come allo zoo safari, insomma dopo glielo dico quando quasi viene giorno perché l'abbiamo menata in lungo e in largo, come ci avete senz'altro capito. Però io penso che con questo qui c'è proprio dell'affinità elettiva ed è un segno del destino che l'abbia incontrato cosí posso proseguire il viaggio mio verso... Aaaghhh! il mio odore! Chi m'ha rubato l'odore? Non lo sento mica piú, aiuto aiuto ai ladri ai rapinatori, ahimè son tornati i correggesi, a rubarmi il mio odore?

Odore, odorino mio di Mar del Nord, di libertà e gioventú, evvieni ancora nella mia pancia, eddai non far cosí, vieni, sniff e sniff odorino mio ci stai ancora? Dimmi che ci sei!

Me ne giro col naso all'aria nella piazza di sosta Adige e cerco il buon odorino che se non lo trovo al piú presto m'infogno in questa puzza d'italietta e muoio, cioè perdo la rotta e allora che diverrà mai di me perduto con i porci scoramenti addosso? Dopo che giro per un po' in questo stato il mio amico dice sono ubriaco io che non posso mica girare cosí col naso all'aria e fare sniffe e sniffe come ci piovesse polverina.

Ah, stupido che sei nuovo amico mio, se l'avessi sentito il mio odore, se te lo fossi tenuto dentro una notte intera che salti che faresti a ritrovarlo. Gli correresti dietro come me, anche coi piedi e basta, odorino mio salta fuori.

E invece quel che salta fuori è un ruttazzo, ma un ruttazzo che sembra tremino le montagne e arrivare il terremoto, cosí che la gente salta fuori dal banco del ristoro e viene nella piazzola in mezzo ai rifiuti e ai piedi del mio amico che filma da per terra e fa cosí il replay del porcamadonna. E dopo il rutto primo viene su alla gola un gran magone d'aria che la gente fa uuuahhhhh di spavento e si tappa le orecchie; epperò lui non esce ma ridiscende in bassapancia, plumf. E la gente fa aaaahhh come dire menomale che gli è sceso. E dopo invece il gran bordello perché il mio stomaco si mette a far pulito e getta tutto in fuori lo sporco che ci tiene. Vomito, vomito, che vomitata!

La gente di nuovo fuori sulla piazzetta in mezzo agli sporchi della mia pancia e ai puzzi e rumoracci sbrang dei ventoni, olé, è digià sciupada la terza guerra mondiale coi gas atomici e tutto il resto pensa la gente, perché c'è tutto un flusso bagnato che salta fuori dalla bocca e io sto lí piegato con la bocca spalancata bleah e vedo venir fuori di corsa ogni cosa della mia pancia tanto che penso mi venga fuori di lí tutto, anche le gambe e le braccia che poi mi rivolto come un guanto. E non finisce mai lo sbocco! Sopra ai piedi viene a cominciare come un fiumiciattolo che fa per traverso la piazzetta, svolta dietro ai pini e giú ad affluire nell'Adige, lí dietro.

Tutto fuori. Scrash, scrash, sputa sputa stomaco mio l'ho capita sai via gli scoramenti, fuori i porci indemoniati, avanti getta che poi guarisci; e difatti dopo comincio a ridere e fare il giullaretto perché non mi sento piú gli scoramenti addosso e sto benone che guardo il mattino che vien su e dico toh la notte ha digià voltato il culo. Toh, che bello, però son stanco, stanco morto. Contento ma fiacco. L'amico mio viene lí vicino a me che guardo il bel mattino che alza il culo e dice caromio io me ne parto vuoi che andiamo? Magari magari amichetto mio tutto biondo e lentigginoso come sei, magari ci tenessimo i soldi per fare il pieno al ronzinante, alla faccia dei petrolieri speculatori di questo porco mondo. Non ho grano, che fare? Dice lui, non preoccuparti, andiamo in autostop. Che? Lasciare la cinquecento cavalli, lasciarla lí a srugginarsi tutta sola quando io lo so bene che anche lei ci piacerebbe mangiar asfalto e polveroni dietro al mio odorino, no, no io di qui non mi movo senza lei. E allora?

Salutato amichetto tutto biondo imbarcato su un altro grandalbero di Natale verso Trento, salutato col magone nella voce e gorgoglio di pancia, era pur sempre un compagno di strada, ciao biondo cinematografaro, salute a te che te ne vai per le città ciaociao vero compagno di quelli veri che ci han capito tutto della nostra historia quotidiana, davvero ciao con lacrimuccia e fazzoletto e colpettino di clacson del ronzinante, non ci rivedremo mai piú ah questo lo so, ma terrò pur sempre in giro per le strade un amico in piú, vai vai, è stato bello, ognuno c'ha il percorso suo. Cosí di nuovo mi ritrovo in solitudine con l'odorino sempre vivo che se lo perdo il racconto finisce a questa riga qui. Ma il problema è trovare grano, magari un portafoglio pien di deca, ah questa sí che sarebbe fortuna rottincula, mica prendere un treno in orario.

E un portafoglio dice ciao in mezzo alla piazzola, vien qui prendimi son tuo. Miracolo, miracolo. È davvero un portapila, fortuna sculata, volete vedere che sta vuoto?

Niente male, recuperate venticarte. Faccio il pieno, ronzinante mio si riparte, corriamo dietro al nostro odore avanti. Proprio fortuna sfacciata ma quando uno ci sente che l'odore che serra in pancia è proprio il suo arriva anche la fortuna. Solo questo vi voglio dire credete a me lettori cari. Bando a isterismi, depressioni scoglionature e smaronamenti. Cercatevi il vostro odore eppoi ci saran fortune e buoni fulmini sulla strada. Non ha importanza alcuna se sarà di sabbia del deserto o di montagne rocciose, fossanche quello dell'incenso giú nell'India o quello un po' piú forte, tibetano o nepalese. No, sarà pure l'odore dell'arcobaleno e del pentolino pieno d'ori, degli aquiloni bimbi miei, degli uccelletti, dei boschi verdi con in mezzo ruscelletti gai e cinguettanti, delle giungle, sarà l'odore delle paludi, dei canneti, dei venti sui ghiacciai, saranno gli odori delle bettole di Marrakesh o delle fumerie di Istanbul, ah buoni davvero buoni odori in verità, ma saran pur sempre i vostri odori e allora via, alla faccia di tutti avanti! Col naso in aria fiutate il vento, strapazzate le nubi all'orizzonte, forza, è ora di partire, forza tutti insieme incontro all'avventuraaaaa!

Indice

Stampa Grafica Sipiel
Milano, settembre 1998